KB253468

# 로봇 디자인의 숨겨진 규칙

## 영화 속 로봇 디자인 이야기

# 차례
## Contents

# 프롤로그

영화 <터미네이터> <스타워즈> <매트릭스> 시리즈는 많은 공통점을 가지고 있다. 먼저 굉장한 규모의 예산이 투입된 블록버스터 영화라는 것, 그리고 전 세계적으로 큰 수익을 올린 기록적인 흥행작이자 연작 영화라는 것, 그리고 개봉된 지 오랜 시간이 지난 후에도 영화를 사랑하는 마니아층을 확보했다는 사실이다. 그리고 다른 영화들과 크게 다르지만, 가장 큰 공통점이라면 전에 없던 그래픽 표현과 감각으로 각각 SF 영화사에 큰 획을 그었다는 훈장과도 같은 평가를 받았다는 사실일 것이다. 각 영화는 실재하는 것 같은 가상세계를 영화 속에 창조해내고, 이를 통해 영화의 상상력에 호흡을 불어넣었다. 그리고 각각의 영화에 등장하는 캐릭터 터미네이터와

T-800, R2D2와 C3PO, A.P.U와 센티넬은 영화의 마니아들에게 다양한 크기의 피규어로 제작되어 팔려 나가 영화 산업의 새로운 시장을 개척하고 이를 두 배, 세 배로 성장시키는 결과를 이끌어냈다. 이러한 SF 영화 속 세계에는 낯선 캐릭터들이 등장한다. 단지 영화 속에만 존재하는 가상의 캐릭터들은 '배우' 이상의 신비한 매력을 갖게 된다. 특히나 로봇 또는 인조인간의 형태로 태어나는 캐릭터들이 바로 그 주인공이다. 누구나 좋아하는 배우 하나쯤은 갖고 있게 마련이다. 하지만 수많은 영화에 다양한 모습과 캐릭터로 등장하는 배우들과는 달리 단 한 편의 영화 속에서만 존재하는, 실재하지 않는 인조인간과 로봇의 유일무이성은 배우의 다면적인 모습에 비해 오히려 인간적이며 실재적으로 느껴질 정도이다. 때문에 배우가 아닌 캐릭터에 대한 애착은 배우들에 대한 그것을 뛰어넘는다.

　어르신들은 사람이라면 누구나 얼굴에 그이의 인생이 고스란히 담겨 있다고, 그것이 관상을 살피는 이유라고 한다. 필자는 관상가도 아니며, 나이 지긋한 어르신도 아니지만 언제부턴가 로봇의 관상을 살펴보기 시작하였다. 특별히, 대표적인 SF 콘텐츠인 영상물 속의 캐릭터, 즉 로봇의 관상에 주목해 보았다. 작품의 철저한 세계관 내에서만 정의되는 로봇이 그 세계관을 어떠한 얼굴로 표현하고 있는가에 대해, 정확히 말해 로봇의 디자인이 작품의 세계관과 주제의식을 어떻게 반영하고 있는지에 대해 관찰하고 분석해 보고자 한다. 그리고 100

년이 채 되지 않는 짧은 SF 영화사에 나타나는 로봇의 디자인이 어떻게 발전하고, 변화되어 왔는지에 대해서도 살펴보려고 한다.

좋은 시나리오, 훌륭한 감독과 스태프, 막대한 자본이 갖추어졌음에도 관객들로 하여금 아무런 호응을 이끌어 내지 못한 영화는 많다. 바로 주인공인 배우의 연기가 허술하거나, 연기는 훌륭했지만 그 역할에 전혀 어울리지 않는 외모 때문이다. 이러한 까닭에 캐스팅 담당자들은 영화를 제작하는 데 있어 매우 중요한 역할을 하고 억대 몸값을 자랑하는 배우라 할지라도 영화에 어울리지 않는다면 신예 연기자에게 그 자리를 양보할 수밖에 없다. 하지만 로봇의 경우는 이러한 문제에서 완벽히 자유롭다. 로봇은 영화의 제작진 상상력 속에서 잉태되고, 머리끝부터 발끝까지 오로지 영화를 위한 완벽한 캐릭터로 디자인된다. 촬영이 시작되면, 감독은 배우들의 서투른 연기나 어색한 몸짓을 지적하고 원하는 움직임을 얻어 내기 위해 애를 먹는다. 하지만 로봇은 아주 작은 움직임부터 상상을 초월하는 변신에 이르기까지 어떠한 의사소통 장애도, 한계도 없다. 그래픽의 기술적인 한계마저 사라진 오늘날 영화 속 로봇의 디자인과 움직임의 가능성은 무한대이다.

하지만 무한한 상상의 산물인 로봇이라고 해서 무한한 형태로 작품 내에서는 끊임없이 변신한다. 그러나 철저하게 그 세계 속에서만 의미를 갖는 로봇은 설계와 제작이라는 과정이 불가피한 기계, 즉 인간의 창조물에 불과하다. 그렇기 때문에 기계적 결함, 시스템의 오류는 단순한 실수가 아니라 생존의 문제와 맞닿아 있다. 이러한 까닭에 로봇의 디자인 역시 어떠한 오류와 결함도 용납할 수 없는 로봇의 본질적 속성을 철저하게 따른다. 때문에 목적과 성격에 따라 '그래야만 한다'는[1] 일종의 규칙이 존재하며 영화의 주제와 서사, 더 나아가 영화의 세계관에 의한 '그래야만 한다'는 더욱 분명해 보인다. 로봇의 디자인에 숨겨진 규칙들은 영화를 관람하는 데에 재미를 더하게 될 것이다. 그리고 굉장하게만 느껴졌던 로봇의 디자인이 어쩌면 아주 간단한 법칙과 흐름을 통해 결정된다는 사실에 놀라게 될지도 모르겠다. 그럼, 이제 영화를 완성하는 로봇들에게 좀 더 가까이 다가가 보자.

# 로봇 그리고 로봇이 아닌 로봇

　　SF 영화의 굉장한 팬이라는 사람들에게도 진짜 로봇과 로봇 비슷한 것을 구분하는 일이란 여간 어려운 일이 아닌 모양이다. 사람들은 로봇이라고 하면 막연히 금속을 소재로 만들어진, 인간의 형상을 한 2족 보행 기계를 떠올린다. 가령 영화 <아이, 로봇>의 NS-5나 <바이센테니얼 맨>의 NDR-114가 사람들이 상상할 수 있는 가장 대표적인 모습일 것이다. 그렇다면 영화 <에이 아이>의 데이비드와 지골로 조는 로봇인가요, 라고 물으면 아마 망설이다가 인조인간쯤으로 해 두자고 할지 모르겠다. 그렇다면 애니메이션 <마징가 Z>의 마징가 Z와 영화 <트랜스포머>의 오토봇 군단은?

　　필자는 독자들이 한 번쯤 의문을 가졌을 법한 로봇의 정확한 정의와 종류에 대하여 분명히 해 두고자 한다. 로봇을 구분하는 것은 눈대중으로 구분 지어지는 로봇과 그저 로봇 비슷한 것들에게는 좀 더 명확한 이름을 붙여 주기 위한 일이다. 그리고 이러한 분류학적인 접근은 디자인에 있어서 가장 선행되어야 하는 중요한 일이다. 디자이너가 만들고자 하는 것이 자동차인지, 자전거인지 결정하지 않고 디자인을 시작한다면 바퀴가 세 개 달린 모터가 달린 수동의 폐쇄형 탈것이 만들어질 것이다. 자동차로서도, 자전거로서도 가치가 없는 이 상품은 고철 덩어리일 뿐이다. 때문에 자동차든 자전거든 의미 있는 상품을 만들기 위해서는 먼저 무엇을 만들지를 결정해야한다. 로봇도 마찬가지, 로봇이라고 다 로봇이 아닐 까닭에 어떤 로봇을 만들 것인지 결정하지 않고서는 디자인을 시작할수 없다. 디자이너뿐 아니라 관객들 역시 로봇의 종류에 대해알게 된다면 영화의 세계관을 이해하고, 로봇의 캐릭터를 이해하는 것이 좀 더 수월하고 흥미로워질 것이다. 자, 이제 로봇의 족보를 써 내려가 보자.

## 로봇의 순수 혈통

로봇이란 사전적으로 "자율적으로 사람의 손발과 같은 동작을 하는 자동 기계"라고 정의된다. 따라서 우주나 해저, 고온이나 저온 환경과 같은 인간이 작업할 수 없는 극한 환경에서의 작업을 위한 각종 기계를 로봇이라 한다. 사람들은 관용적으로 '자녀들은 부모들의 로봇이 아니다'라는 말을 쉽게 사용한다. 하지만 자녀들이 부모들의 생각이나 명령에 따라서만 행동하지 않는다는 의미에서라면 이런 말은 사용해서는 안 된다. 이미 설계가 끝나 전원이 켜진 로봇이라면 만든 이 또는 주인의 생각이나 명령과는 관계없이 프로그램 된 메커니즘에 의해서 자율적으로 움직이기 때문이다. 그래서 영화 <스트레인저 댄 픽션>2)의 주인공 헤롤드처럼 늘 똑같은 규칙에 의해 반복적인 일상을 수행해 나가는 사람을 가리켜 '그 사람은 꼭 로봇 같다'라고 말할 수는 있다. 마치 기계와 같이 정해진 원칙에 의해 행동하고 예상 밖의 행동이나 감정의 변화를 일으키지 않기 때문이다.

하지만 사람들은 언제부턴가 인간의 형상을 띤 기계를 가리켜 로봇이라고 부르기 시작했다. 최초의 로봇 영화인 <메트로폴리스>에서의 로봇의 모습이 인간의 모습을 닮아 있었기 때문일까? 혹은 그보다 이른 1920년 차페크가 발표한 희곡 『로섬의 인조인간: R.U.R.(Rossum's Universal Robots)』의 노동자 로봇에 대한 묘사가 워낙 강렬했던 까닭일 수도 있다. 로봇은 처음부터 인간의 모형으로서 등장했기 때문에 눈·코·입 그리고 얼굴과 팔다리를 가진 몸으로 구성된 모습이어야만이 로봇으로 인식되어 온 것이다. 하지만 사전적 의미에 의하면 지하철 승차권 자동판매기, 공항의 컨베이어 벨트 역시 로봇인 셈이다. 하지만 R2D2를 컨베이어 벨트와 함께 로봇이라 구분해 버리고 싶지는 않은 것이 모든 영화팬들의 속내일 터. 로봇은

영화 〈메트로폴리스〉의 주인공 마리아.

영화 속에서 서사를 진행하거나 세계관을 구성하는 데에 없어서는 안 되는 역할을 수행한다. 자율적으로 사람의 손발과 같은 동작을 하는 기계, 하지만 동시에 영화 속에서 중요한 역할을 수행하는 기계, 로봇. 삶은 호흡하는 것이 아니라 행위를 하는 것이라는 루소의 말대로라면 기계일 뿐인 로봇의 삶은 반복된 삶을 무의미하게 살아가는 인간의 그것보다 더욱 가치 있어 보인다.

다만 '자율적으로'라는 말은 필자의 발목을 붙잡는다. 자율적이라 함은 스스로의 원칙에 따라 어떤 일을 하는 것이다. '자율적으로 사람의 손발과 같은 동작을 하는 기계'인 로봇은 스스로 상황을 판단하고 의사를 결정하여 행동해야만 한다. 따라서 인간의 명령을 받거나, 조종을 당하는 것이 아니라 외부의 입력을 스스로 연산하고, 이를 통해 일련의 결과를 출력하는 자동형 기계인데 영화 속 등장하는 로봇들이라고 해서 모두 이러한 형태를 띠지는 않는다. 〈트랜스포머〉의 오토봇과 디셉티콘, 〈스타워즈〉 시리즈의 R2D2와 C3PO는 조종하는 사람이 없이 자율적으로 작동하는 로봇들이다. 하지만 메칸더 V와 같이 사람이 조종해야 하거나, 〈아이, 로봇〉의 로

붓들처럼 인간의 명령만을 수행하는 것들은 사실 로봇이라고
할 수 없다.

　로봇은 로봇을 설계하고 제작한 기계공학자와 디자이너, 메
커니즘을 입력한 프로그래머의 손을 떠나면 완벽히 자율적인
존재가 된다. 때문에 기계인지, 사람인지 혼돈스럽게 느껴진
다. 그리고 때로는 정말 사람처럼 보이는 외모를 가진, 가장
아름다운 모습의 인간을 닮은 로봇들이 등장하여 이러한 혼돈
을 가중시킨다.

## 인간을 닮은 로봇 - 안드로이드

　<터미네이터>의 T-800은 기계일까? 기계라기보다는 사람
보다 더 사람 같은걸, R2D2와 터미네이터를 함께 로봇이라고
불러도 될까, 하는 독자들이 분명 있으리라 생각된다. 필자 역
시 같은 고민을 한 적이 있다. T-800은 생물학적 돌연변이에
의한 인간도, 진화된 형태의 미래형 인간도 아니다. 다만 사람
처럼 보이는 기계, 인조인간인 안드로이드이다. 흔히 로봇이
라 하면 금속의 재질로 만들어진 기계장치로 구성된 형태를
연상하지만, 차페크의 『R.U.R.』에서 처음 등장한 '로봇' 역시
유기물질로 만든 인조인간이었다. 최근에는 로봇 외에도 사이
보그, 안드로이드, 휴머노이드 등 비슷한 개념들이 많이 생겨
났는데, 각각의 차이점은 무엇일까.

　이미 언급한 바와 같이 로봇은 '자율적으로 사람의 손발과

같은 동작을 하는 기계'의 광범위한 통칭으로 사용된다. 때문에 로봇이란 반드시 인간과 비슷한 외모를 가져야 할 필요는 없다. 하지만, 안드로이드는 외모가 인간과 아주 흡사한 로봇을 의미하여 처음부터 그 목적이 매우 분명하다. 차가운 금속의 재질로 만들어진 기계가 아닌 유기물 조직으로 만들어진 '인간 같은' 인조인간이 안드로이드이기 때문에 안드로이드를 디자인하는 데 있어 가장 중요한 목적은 바로 '인간처럼 보이는 것'이다.

안드로이드라는 용어를 처음 사용한 사람은 프랑스의 작가 빌리에 드릴라당이다. 그가 19세기 그의 소설 『미래의 이브』에 등장하는 여성 로봇 아다리를 안드로이드라 칭한 것이었다. 그리스어로 'andr-(인간)'와 '-eides(닮은)'의 합성어로 로봇 중에도 우수한 전자두뇌와 인공피부까지 갖추어 외관상 인간과 똑같아 보일 정도로 발달한 로봇을 뜻하게 된다. 따라서 안드로이드는 로봇의 하위개념으로서 인간과 같은 모습으로 디자인된 로봇인 셈이다.

미술사적 측면에서 '재현'이란 예술가들에게 있어 가장 기본적인 욕망이자 끊임없는 숙제였다. 고대 왕과 황제를 우상화하기 위하여 출발한 초상화는 중세 시대 이후 귀족사회에 이르기까지 성행하였다. 하지만 왕의 초상 이전 원시사회에서부터 인간을 해부학적으로 재현하려는 노력은 계속되어 왔다. 고대 미술에서나 현대미술에서나 자연과 인간을 인문학적으로 해석하고 정의하는 방식은 달라도 사람의 눈을 통해 보이는 모습은 한 가지였기 때문에 인간의 모습을 회화로, 조각으로 재현하려는 시도는 미술사의 시종에 가득하다. 19세기 전후는 초상을 통하여 사진기가 발명된 이후에는 필름 위에 인간은 스스로의 모습을 기록으로 남기기 위해 끊임없는 노력을 해 왔으니 말이다.

안드로이드는 인간의 재현에 대한 이러한 욕망이 발현된 로봇의 한 갈래이다. 로봇을 인간의 손과 발을 대신하는 것뿐 아니라 인간의 모습을 닮게 만들어 기계 이상으로서, 인간의 역할을 부여하고자 했던 것이다. 때문에 영화에 등장하는 안드로이드는 외모뿐만 아니라 말과 행동, 사고방식까지도 인간과 구별이 안 될 정도로 똑같이 표현된다. <블레이드 러너>나 <에이리언>에 등장하는 인조인간들이 안드로이드의 대표적인 예이다. 1930년대 이후로 꾸준히 로봇을 다뤄 온 영화계에서는 1980년대로 들어오면서 로봇을 통해 '인간의 정체성'이라는 좀 더 심화된 주제를 다루는 모티프를 갖게 된다. 인간의 재현이란 결국 인간의 모습만을 본뜬 것뿐 아니라 인간 군상의 단면과 속성에 대한 반증이 표현될 수밖에 없기 때문이다.

1982년 작 <안드로이드>나 <블레이드 러너>는 인간보다도 더 절실하게 인간성을 추구하는 안드로이드들을 주인공으로 등장시켜 과연 인간다움이란 무엇인가 하는 화두를 던졌다. <블레이드 러너>에서 수명이 얼마 남지 않은 리플리컨트(replicant)들이 인간보다 더욱 인간다운 면모를 보이며 자신의 존재에 대해 질문하는 모습은 인간적이라는 설명으로는 부족하고, 철학적이기까지 하다. 이후 제작된 영화들 역시 마찬가지다. <스텝포드 와이프>에서는 아내를 로봇으로 만들어버린 사람을 등장시켜 가족, 사랑, 인간에 대한 가치에 대해 반문한다.

미술사에서도 '인간의 재현'이라는 욕망은 물리적인 외형을 재현한다는 측면에서 그치지 않았다. 사실 그대로를 표현하기보다는 내면의 가치, 이상향 등을 표현하기 위해 본질의 왜곡이 끊임없이 이루어졌으며 이 때문에 비정상적인 비율을 가진 여성상과 지나치게 남성성이 강조된 남성상으로 표현되었는데 다비드상과 비너스를 보면 잘 알 수 있다. 보통의 남성들보다 지나치게 단단한 근육을 가진 다비드와 보통의 여성들보다 지나치게 아름다운 곡선과 긴 허리를 가진 비너스는 인간의 재현이라기보다는 도리어 불가능한 이상으로 불완전한 인간을 수치스럽게 한다. 이러한 자기 성찰은 안드로이드를 주인공으로 한 영화들을 통해 관객들이 갖게 된 소고와 많이도 닮아 있다.

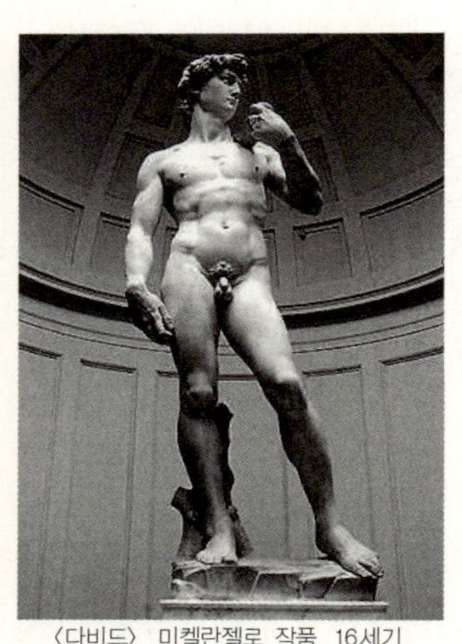

〈다비드〉, 미켈란젤로 작품, 16세기.

그렇다면 본래 인간이었으며 인간의 신체는 물론 영혼과

<우르비노의 비너스>, 티치아노 작품, 16세기.

감정을 지니고 있는 로보캅은 순수한 기계도 아니며, 인간의 형상 그대로를 지니고 있지도 않으니 로봇도 아니고, 안드로이드도 아니라는 것을 독자들은 지금쯤이면 쉽게 알아차릴 수 있을 것이다. 그렇다면 로보캅은 정말 '로보'캅일까, 하는 의문이 든다면 100점짜리 독자.

## 사람과 로봇의 아찔한 콜라주 - 사이보그

사이보그는 뇌(腦) 이외의 부분, 즉 수족, 내장 등을 교체한 개조인간(改造人間)으로 생물과 기계장치의 결합체를 뜻한다. 사이보그(cyborg)는 '사이버네틱 오가니즘(cybernetic organism)'의 약자로 1950년대에 의학자들이 창안한 개념이다. 즉, 반(半)인간, 반(半)기계로 구성된 것으로 자연적인 인간의 몸에 기계적 장치를 부착한 형태를 통칭한다. 때문에 정확히 말해 사이보그는 로봇이 아니다. 로보캅은 비록 전신이 금속 뼈대로 이루어져 있기는 하지만 그 통제 중추는 사망한 경찰관의 두뇌를 되살린 것이다. 로보캅은 아이러니하게도 사이보그의 가장 대표적인 예이다.

고대 그리스·로마 신화에는 켄타우로스[3]라 하는 반인반마가 등장했다. 전혀 다른 분류학적 속성을 가진 두 오브제를 결합한다는 것은 미학적으로 가장 도전적이고, 실패할 확률이 높은 과제이다. 이는 콜라주 작업이 대표적이다. 콜라주(collage)란 1912~1913년경 브라크와 피카소 등의 입체파들이 유화의 한 부분에 신문지나 벽지, 악보 등 인쇄물을 풀로 붙였는데 이것을 '파피에 콜레'라 부르게 된 것에서 유래되었다. 이 수법은 화면의 구도, 채색 효과, 구체감을 강조하기 위한 수단이었고 제1차 세계대전 후의 다다이즘 예술가들은 이러한 파피에 콜레 방식을 더욱 발전시켜 실밥, 머리칼, 깡통 등 캔버스와는 전혀 이질적인 재료나 잡지의 삽화, 기사를 오려붙여 보는 사람에게 이미지의 연쇄반응을 일으키게 하는, 부조리와 냉소적인 충동을 겨냥하였다.

미학적인 관점에서 볼 때 서로 다른 오브제를 하나로 결합하기 위해서는 각각이 상대가 가지고 있는 분명한 소재적 고유성을 강하게 드러나야 한다. 그렇지 않으면 결합 자체가 주는 파격이 전달되지 않기 때문에 해도 그만, 안 해도 그만인 작업이 되고 만다. 하지만 동시에 다른 오브제의 성질을 상쇄시켜서는 안 되는 까닭에 조화와 차이 간의 적절한 밸런스를 유지하는 것이 매우 중요하다. 이러한 의미에서 사이보그는

〈아테나와 켄타우로스〉, 보티첼리 작품, 캔버스 위에
템페라.

생물과 무생물, 유기물과 금속, 인간과 기계라는 상이한 두 매체의 조합이지만 덕분에 놀라운 시각적 시너지를 발휘한다. 특히나 <로보캅>이 인기몰이를 할 수 있었던 것도 시각적 극대화와 균형의 간극을 훌륭하게 다루었기 때문이다. 사이보그는 켄타우로스에 대한 신화적 로망을 현대적으로 해석한 셈이다. 하지만 안타깝게도 여전히 '로보캅'이라는 이름이 잘못된 것임은 피해갈 수 없는 노릇이다. 하지만 '사이보그캅'이라니 조금 어색한 것이 사실이다.

2008년 로보캅과 비슷한 모습의 캐릭터가 등장해 눈길을

영화 〈로보캅〉의 주인공 로보캅.

끌었다. 바로 영화 <아이언 맨>4)의 토니 스타크이다. 토니 스타크는 Mark 시리즈를 만들어 입고 하늘을 나르고, 괴력을 자랑한다. Mark를 입기 전에는 인간이지만 Mark를 입은 토니 스타크는 로보캅과 몹시 닮아 있다. 아이언 맨은 로봇인가, 아니면 로보캅과 같은 사이보그일까?

## 로봇을 입자 - 파워드 슈트

로보캅이 이름을 붙이는 데 실패했다면, 아이언 맨은 칭찬을 받아도 좋겠다. 토니 스타크는 숱한 시행착오와 실패 끝에 자신의 모든 능력과 현실에서 가능한 최강의 최첨단 과학 기술이 집적된 하이테크 슈트 Mark3를 완성, 최강의 슈퍼히어로로 '아이언 맨'으로 거듭난다. Mark3를 입고 악당과 싸우는 토니 스타크의 결투 신은 볼 만하다.

Mark 시리즈는 <로켓티어>, <스타쉽 트루퍼스>의 파워드 슈트(powered suit) 계보를 이었다. 과거 로켓티어의 장비는 배낭처럼 등에 메고 나르는 형태였기 때문에 입는다(to wear)는 개념이 분명했고, 때문에 로봇과는 거리가 멀어 보이는 것이 사실이지만 <스타쉽 트루퍼스>의 기동보병이나 <아이언 맨>의 Mark 시리즈는 착용 후 모습이 일반적으로 상상하는 로봇과 똑같기 때문에 로봇이 아닐까, 하는 착각을 불러일으킨다. 하지만 파워드 슈트는 인간의 조작 없이는 작동되지 않는 수동형 기계이기 때문에 로봇이 아니며, 탈착할 수 있다는 점에서 사이보그도 아니다.

엄밀히 따졌을 때 파워드 슈트는 로봇의 족보에서는 아주 근본 없는 종자라고 해도 과언이 아니다. 하지만 안드로이드를 포함한 로봇과 사이보그에 식상해진 영화팬들에게 파워드 슈트는 SF 영화에서 신선한 모험으로 다가왔다. 로봇과 사이보그에 SF물의 주인공 자리를 빼앗겼던 인간들이 이를 극적으로 탈환할 수 있었던 계기가 되었기 때문이다. 때문에 파워드 슈트를 등장시킨 영화들은 기계보다는 인간에 더 초점을 맞추고 있다는 사실을 알 수 있다. 로봇은 인간을 대체하고, 사이보그가 인간의 결함이나 상실을 보완한다면 파워드 슈트는 그 이름처럼 인간의 능력을 극대화하는 수단으로서 존재하는 하나의 도구인 셈이다. 이는 슈트, 즉 의복이라는 파워드 슈트의 개념과 철저하게 맞아떨어진다.

인간은 신체를 외부로부터 보호하기 위해 옷을 입기 시작하였고, '옷이 날개다'라는 속담에서도 드러나듯이 옷은 점차 인간을 아름답게 보이게 하기 위해 존재한다. 패션 산업은 꾸준히 성장해 왔다. 이탈리아의 유명한 패션 디자이너 지아니베르사체는 죽기 전 "옷이란 나를 나 자신일 수 있게 만드는 것이다"라는 말을 남겼다. 이처럼 의복은 재료가 무엇이든 가격이 얼마나 비싸든 입는 주체를 보호하고 주체가 가진 매력과 특징을 극대화하여 보여 주는 데 의미가 있다. 이러한 관점에서 의복으로서의 파워드 슈트는 아주 훌륭한 모습으로 디자인되어 왔다. 파워드 슈트를 통해 괴짜가 영웅으로 재탄생하기도 하고, 뛰어난 과학자와 현자가 이를 통해 악한이나 폐인으로 전락하게 만드니 옷은 날개 그 이상이다.

<로켓티어>의 클리프, <아이언 맨>의 토니 스타크는 각각 실패한 FBI, 혐오받는 기업가였지만 로켓 장비와 Mark를 통해 영웅으로 성장한다. 반면 <스파이더맨 2>의 닥터 옥토퍼스는 존경받는 과학자였지만 옥타비우스 발명 이후 철저한 악한으로 변질되고, 비참한 최후를 맞게 된다. 이처럼 파워드 슈트는 영화 속에서 이를 창조한 인간과 이를 통한 인간의 체험과 변화를 그림으로써 극을 이끌어 나간다. 하지만 영화의 철학은 파워드 슈트 자체보다는 이를 통해 벌어지는 인간과 사회의 변화를 그림으로써 도구로서의 기계가 갖는 양면을 극명하게 드러내 준다. 파워드 슈트는 인간에게 있어 도구 그 이상도 그 이하도 아닌 까닭이다. 즉, 파워드 슈트는 과거 전시에 이용되던 갑옷과 같은 역할을 하는 장비일 뿐이다. 하지만 그 도구에 불과한 겉옷은 힘없는 보병을 전쟁 영웅으로도 만들고, 용맹스러운 장군을 얼굴 없는 전사자로도 만들 수 있는 힘을 가졌다.

이쯤 되면 로봇과 안드로이드, 사이보그와 파워드 슈트를 어렵지 않게 구분할 수 있을 것이다. 로봇은 자율적으로 사람의 손과 발을 대신하는 기계, 안드로이드는 사람의 모습을 재현한 로봇이며, 인간에 기계를 장착한 형태는 사이보그, 탈·부착이 가능한 기계는 파워드 슈트. 하지만 여전히 많은 사람들이 한국과 일본에서 오랫동안 사랑받아 온 건담을 무엇으로 분류할 수 있을 것인가, 하는 질문에 답하는 것은 여전히 어려울지도 모르겠다.

## 영화는 로봇을 타고 – 메카

건담은 일반적으로는 로봇의 대표주자로 이해되며 수많은 마니아들을 거느리고 있다. 하지만 내부에서 사람이 작동하지 않으면 작동하지 않는다는 측면에서 로봇일 수 없으며, 굳이 분류를 하자면 파워드 슈트 정도가 될 수 있다. 하지만 파워드 슈트라고 하기에는 그 크기가 매우 크기 때문에 그다지 내키지가 않는다. 막연하게나마 예상한 것처럼 건담은 로봇도 파워드 슈트도 아니다. SF 분야에서는 건담과 같은 형태를 '메카(mecha)'라고 통칭하는데 이는 일본식 영어 표기법 '메카닉'에서 유래되었다. 메카는 메카트로닉스 공학적 관점에서 탈것(vehicle)으로 정의된다. 자동차, 비행기와 같이 인간이 탑승(to ride)하여 운행(to drive)하는 기계로 바퀴 대신 다리가, 날개 대신 비행장치가 있는 것이다. 따라서 덩치가 크다고 해서 전부 메

애니메이션 〈메칸더〉 시리즈의 메칸더 V.

카는 아니다. <트랜스포머>의 오토봇 군단은 차량이 대형 기계로 변신하여 건담과 비슷한 모습과 크기를 가지고 있지만 자율적인 판단과 작동이 가능하므로 메카가 아닌 로봇이다. 따라서 로봇과 메카를 구분하는 기준은 크기나 외형적 특징이 아니라 사람의 조작 여부에 따른 것이며, 파워드 슈트와 메카를 구분하는 기준은 입느냐 타느냐의 관점인 셈이다. 간단하지 않은가?

그렇다면 건담, 마징가 Z, 겟타로보, 태권 V 등 대부분의 메카가 높은 스카이라인을 넘어서는 큰 크기와 위용을 자랑하는 까닭은 무엇일까? 이는 '탈것'이라는 메카의 본질적 속성에 기인한다. 자동차, 비행기, 선박 등의 탈것은 운송이라는 1차적 목적을 갖기 때문이다. 보다 많은 인간과 수하물을 안전하게 운반하기 위해서는 높은 적재율과 견고한 외관이 평가의 기준이 되어 왔던 것이다. 이러한 조건이 만족된 후에는 지위를 상징하는 심벌로 작용하게 되는데 이때에도 역시 '크기'가

주요 척도로 작용한다. 고급 차량은 대부분 대형 세단이라는 것을 보면 알 수 있다. 한 사람이 쉽게 이동하기 위한 수단에 불과하지만 더 크고, 무거운 외형을 가진 차량일수록 고급 차량으로 분류되니 말이다. 비행기나 선박도 마찬가지이다. 메카는 이러한 '탈것'이 갖추어야 할 디자인 철학에 충실하게 디자인된다.

로봇과 마치 로봇처럼 보이는 기계들에 대해서는 여전히 많은 논란이 있다. 하지만 계속되는 혼란과 언쟁을 피하기 위해 인간의 명령을 받지 않고도 자율 행동을 하는 기계만을 로봇이라 부르기로 하자. 사이보그, 파워드 슈트, 메카는 어떤 로봇들보다 더욱 로봇같이 보이는 것이 사실이지만 그들이 '짝퉁'인 것만은 확실해졌으니 말이다. 필자는 이쯤에서 정통 로봇의 초상을 그려 보려고 한다. 로봇을 짝퉁 로봇과 구분할 수 있게 되었으니 이제는 로봇을 로봇답게 만들어 주는 디자인의 법칙 속으로 들어가 보자.

# 로보소피(robosophy)



상상력과 기술이 뒷받침되는 한, 로봇의 가능성에 한계란 존재하지 않는다. 디자이너에게 이보다 더 매력적인 조건은 없을 것이다. 어떠한 형태·크기·질감·색상도 허용된다. 덜그럭거리는 고철 덩어리도, 사람보다 매력적인 인조인간도, 이것도 부족하다면 다양한 모습의 변신 로봇도 가능하다. 그럼에도 불구하고 로봇을 창조하는 것은 인간인 까닭에 로봇 디자인의 철학은 인간사의 낡고 낡은 철학을 지독히도 닮아 있다.

## 시뮬라크르와 시뮬라시옹

시뮬라크르5)란 포스트구조주의의 대표적 철학자인 프랑스의 들뢰즈(Gilles Deleuze)가 확립한 철학 개념이다. 이는 사실 그리스 철학자인 플라톤(Platon)에 의해 정의된 개념인데 플라톤에 의하면, 사람이 살고 있는 이 세계는 가치의 원형인 이데아, 이데아의 복제물인 현실, 복제의 복제물인 시뮬라크르로 이루어져 있다. 때문에 '시뮬라크르'란 전통 철학의 관점에서 보면 전혀 가치가 없다고 판단했던 '순간적인 것', '사건', '이 마주' 등을 의미한다. 즉, 잠시 나타났다가 곧 사라져 버리고 마는 순간적인 생성, 휘발되어 버릴 사건을 뜻하는데 들뢰즈는 역사적인 큰 사건이 아니라 우주에서 일어나는 모든 사건, 즉 순간적이고 지속성과 자기 동일성이 없으면서도 인간의 삶에 변화와 의미를 줄 수 있는 각각의 사건을 시뮬라크르로 규정하고, 여기에 커다란 가치를 부여하였다. 들뢰즈는 이를 '사건의 존재론'으로 설명하는데, 그가 말한 시뮬라크르는 플라톤의 시뮬라크르 개념과 다르다.

장 보드리야르의 책 『시뮬라시옹』은 영화 <매트릭스>의 강력한 모티프가 된 책이기도 하다. 특히 <매트릭스> 3부작 중 첫 편에는, 주인공 네오가 속이 비어 표지만 남아 있는 『시뮬라시옹』을 꺼내는 장면을 삽입하여 이를 암시하였다. 매트릭스와 시뮬라시옹, 그리고 로봇은 다 무슨 관계가 있단 말인가?

시뮬라크르는 현대사회에서 주로 대중매체가 만들어 낸 이미지나 가치를 시청자에게 각인시킴을 통해 나타난다. 매트릭스에서 네오가 살고 있던 현실은 철저한 시뮬라크르였으며, 빨간 약을 선택하는 순간 가공된 이미지의 시뮬라크르에서 실재의 삶으로 복귀하게 된 것이다. 이는 실게 사회에서도 쉽게 찾아볼 수 있는데 일반적인 여인들과는 관계없이 성형되고 보정된 이미지의 여배우들이나 과장된 연기로 그려지는 애정사들이 좋은 예이다. 이데아를 복제한 우리네의 삶, 그리고 그것을 다시 복제한 미디어의 이미지가 바로 시뮬라크르인 것이다. 로봇의 팬들에게 그럴 듯한 담론이나 꺼내어 볼 생각은 아니다. 다만 이 골치 아픈 철학의 문제의 중심에 있는 로봇에 대해 이야기를 꺼내어 보고 싶을 뿐이다.

만물은 만들어졌다는 명제로서 정의할 수 있으며, 또 사물들은 '창조된 것'과 '생산된 것'으로 구분되는데, 사람들은 쉽게 '창조된 것'에 대해서는 이데아에 가깝고 '생산된 것'에 대해서는 복제물이라고 인지한다. 복제물은 이미 부정적인 관념상에 세워진 이미지를 갖게 되는데 아버지를 닮은 아들에게서 느끼는 감정을 유명 여배우를 닮은 여인에게서 느낄 수 없는 것도 이 때문이다. 이미 고착된 이미지 또는 관념에 사로잡힌 인간은 복제물을 대할 때에 이미 선험된 시각으로 바라볼 수밖에 없다. 다만 그것이 자연발생적이며 창조적인 행위의 산물일 경우에만 긍정적이며, 확장적인 개념으로서 발전할 수 있다.

로봇이란 시뮬라크르의 온상인 미디어에서 단연 창조적이
며 복제되지 않는 진정성을 가진 존재로서 부각된다. 전에 보
지 못한 존재, 세상엔 없는 존재인 까닭에 인간, 인간의 사회
와 역사, 인간의 문명과는 다른, 복제 너머의 독자적인 존재로
서 인식하게 된다. 배우의 과장된 연기와 성형된 얼굴에는 예
민하게 반응하면서도 로봇의 움직임과 생김새에 대해서는 관
대한 경향을 보이고, 심지어 그런 모습에서 일종의 아우라를
느낀다.

하지만 실증주의적인 관점에서 볼 때 일종의 이름과 명제
안에 가두어진 로봇은 자연발생적으로 생겨난 우발적인 존재
가 아니다. 이미 이데아의 복제물인 인간의 관념을 통해 '생
산된 시뮬라크르에 불과하다. 그 생산의 과정이 어렵고, 희귀
하기 때문에 '생산'이 아닌 '창조'된 것처럼 인지하게 되고 로
봇을 '거의 이데아에 가까운' 시뮬라크르 정도로 인지하는 것
이다. 복제물로부터 창조된 것이 복제물 이상의 가치를 갖기
는 어렵다. 이미 상투적인 이미지와 일반화된 관념 위에 지어
진 그것은 '창조'된 것처럼 보이지만 여전히 생산된 것에 불
과하다. 다만 이데아에 가깝게, 최대한 복제물로 보이지 않게
생산해 낼 수 있을 뿐이다.

복제물로 보이지 않는 복제물 로봇, 그 로봇이 우리의 세계,
그리고 우리의 세계를 복제한 미디어가 보여 주는 시뮬라크르
적인 속성들은 철저하게 따르고 있다는 것은 매우 흥미로운
일이다. 로봇이 인간과, 로봇의 사회가 인간의 사회와, 로봇의

역사가 인간의 역사와 얼마나 닮아 있는가를 발견하고 난 다음에 독자들이 느끼게 될 감정이 놀라움일지 실망감일지 필자는 장담할 수 없다. 그럼에도 필자는 본서에서 복제되고, 복제된 낡디낡은 감성과 사유로서의 로봇, 그저 또 하나의 시뮬라크르일 뿐인 로봇의 시뮬라크르됨을 파헤칠 것이다. 놀라지 말 것, 연예인의 실물이 화면에서 보던 것보다 아름답지 않다고 해서 비난할 필요는 없고, 나의 삶이 영화 속 삶과 같이 드라마틱하지 않다고 해서 살아지지 않는 것은 아니기에.

## 로봇은 사회적 기계이다

<트랜스포머>의 오토봇이 아톰과 싸운다면, 누가 이길까? 아톰의 여동생이 아롬이(원작에서의 이름은 '우란')가 아닌 <메트로폴리탄>의 마리아일 수는 없을까?

디자인에 있어 크기는 가장 먼저 결정되는 요소 중 하나이다. 상품의 크기에 따라 적재율, 이용의 주체, 이용 패턴 등이 달라지며, 예산을 결정하기도 한다. 50대 부유층이 레저를 목적으로 탑승하는 자동차라면, 레저용품을 실을 수 있는 공간과 편안한 승차감을 줄 수 있는 넉넉한 좌석, 그리고 저가 중소형 차량과는 확연히 차별되는 중후한 인상을 줄 수 있도록 큰 차체를 가지고 있어야 할 것이다. 하지만 함께 이용되는 상품이나 이용되는 환경과 가장 밀접한 연관을 가지고 있다. 자동차보다 큰 바퀴를 달 순 없으며, 도로의 폭이나 다른 자동차

보다 지나치게 넓은 차체를 가진 자동차는 어색하거나, 작동이 불가능하다.

이 때문에 균형과 대비는 디자인의 기초가 되는 회화와 조형의 기본 요소들이다. 그림을 그리기 전에 다른 조형물과 어떻게 균형을 이룰 것인가와 어떠한 대비로 다른 조형물과 차별화할 것인가를 결정한다. 화가들이 스케치를 하기 전에 연한 연필로 구도를 잡고, 조각가들이 살을 붙이기 전에 뼈대를 먼저 세운다는 사실은 누구라도 알 것이다. 이처럼 회화와 조형의 대상이 하나 이상일 경우에는 각각이 조화를 이루고 적절한 대비를 통해 강조될 수 있도록 대강의 크기와 구도를 잡는 작업이 필수적이다. 이러한 선행 작업이 작품의 가장 큰 틀을 결정하게 된다. 영화 속 로봇을 디자인하기 전에도 균형과 대비를 결정해 둠으로써 각각의 캐릭터가 모여 하나의 작품을 형성하고, 상호 시너지 효과를 발휘하여 저마다 개성 있고 매력적인 역할을 할 수 있도록 해야 하는 것도 이 때문이다.

영화 속 로봇의 디자인이 결정되는 첫 번째 요소 역시 '크기'이다. 영화의 세계관과 예산에 따라서 <트랜스포머>의 오토봇과 같은 대형 로봇을 만들 것인지, 아톰과 같은 소형 로봇을 만들 것인지 결정하게 된다. 하지만 앞서 언급한 바와 같이 누구와 함께 어떠한 환경에서 존재하느냐에 따라 더 큰 영향을 받는다. 디셉티콘은 오토봇의 적수로 등장한다. 관객들은 영화가 한참 진행된 후에 어느 것이 오토봇이고, 어느 것이 디셉티콘인지 헷갈릴 수밖에 없었는데 이는 오토봇과 디셉티콘

모두 자동차의 변신 로봇이며 같은 크기와 디자인 콘셉트를 가졌기 때문이었다. 관객들은 모두 알고 있다, 오토봇이 최후의 승리자가 될 것이라는 사실을. 그렇다면 오토봇을 아톰처럼 작고 약하게 만들었다면 더욱 극적인 승리를 할 수 있었을 텐데 어째서 오토봇과 디셉티콘의 평균 신장은 그리도 똑같아야만 했을까?

현대사회에 있어서 인간은 들판의 짐승과 혈투를 벌일 필요도 없고, 공중의 매를 피하지 않아도 된다. 인간 사회에 있어 경쟁, 때로는 전쟁의 대상은 언제나 인간이다. 그리고 이러한 인간은 또 다른 인간과 전우가 되어 치열한 전투에 참여할 뿐이다. 때문에 영화 속에서 그려지는 갈등의 구조가 선과 악, 낡은 것과 새로운 것, 거짓과 진실 등 그 속성은 다르게 설정해 두더라도 겉으로 보이는 물리적 크기와 정도를 유사하게 함으로써 존재의 당위와 갈등의 현실성을 납득할 만한 것으로 만든다.

<아스트로 보이 아톰>에서 주인공인 아톰과 아톰의 경쟁자이자 적수인 아틀라스 역시 비슷한 신장과 체격을 가지고 있다. 게다가 아톰의 여동생인 아론이와 아틀라스의 연인 로봇인 리비안 역시

아톰과 아틀라스.

아톰과 아롬이.

도토리 키 재기. 아롬이는 아톰의 동생이기 때문에 등신대의 작은 크기로 디자인되어 있다. 영화 속 로봇들 간의 혈연관계와 애정관계에 있어서도 유사성과 시각적 당위를 위해 디자인 콘셉트보다 먼저 결정되는 것이 크기였다. 피도 눈물도 없는 철저한 기계로서의 로봇에게 있어 혈연관계나 애정관계란 극적 장치와 설정에 불과하지만 인간사에서 보이는 혈연관계, 애정관계를 투영하여 크기로 표현함으로써 관계성, 소속감, 친근감 등을 쉽게 부여할 수 있다.

영화에 등장하는 로봇이 하나뿐이어도 이러한 규칙은 마찬가지이다. <바이센테니얼 맨>의 앤드류가 인간과 유사한 신장을 가져야만 했던 것도 크기의 차이에서 오는 낯섦을 막기 위함이다. <조니 5 파괴 작전>의 조니처럼 작고 아담하며, 가정부라는 역할에만 충실하면 그만이지 제작비만 많이 드는 등신형 로봇이 무슨 필요란 말인가? 인간 사회에서 살아가지만 로봇으로서의 정체성만을 갖는 앤드류가 갈등하는 모습을 표현하는 데 있어 인간과 닮은 모습과 신장은 영화의 서사를 매끄럽게 하는데 큰 역할을 하였다. 고뇌, 번민 등 인간만이 가질 수 있는 감정의 텍스트와 제스처를 표현하는 데 있어서 네모반듯한 로봇이나 집채만 한 로봇보다는 가장 인간과 비슷한 로봇이 더 수월할 것은 당연한 노릇이다.

영화는 로봇을 창조함에 있어 그 크기를 제한함으로써 로봇만의 사회를 설계해야 한다. 영화 <로봇>[6]처럼 인간의 사회를 그대로 본떠 로봇 사회를 구성하고, 인간과 같은 비율로 성장시켜야 할 필요는 없지만, 영화의 서사에서 빼놓을 수 없는 관계, 갈등, 정체성의 정당성을 위해서 현실 세계의 틀을 크게 벗어날 수 없는 것이다. 인간이 사회적 동물인 까닭에 로봇이 사회적 기계가 될 때 '사회'에 대한 철학적 반문 없이 영화의 세계관을 수용할 수 있다. 로봇들 간의 균형과 어울림이 로봇이 주는 낯선 소격감을 상쇄시켜 주는 것이다. 때문에 대형 로봇과 초소형 로봇과의 대결, 대형 로봇과 초소형 로봇의 사랑은 새롭지만 어색하고, 자극적이지만 몰입하기 어려워지고 영화의 서사에 집중할 수 없는 '튀는' 토봇으로만 남게 되는 것이다.

## 로봇의 영혼

트라우마(trauma)란 정신적 외상(外傷)이라는 정신의학 전문 용어로서 외부로부터 가해진, 자신의 의지와는 상관없이 일방적으로 받은 정신적인 충격 일체를 뜻한다. 가까운 이의 죽음, 끔찍한 사고 현장의 목격, 폭력, 실연, 집단 따돌림, 소외, 무관심, 무시당함 등으로 인해 받은 정신적 상처가 인간의 정신세계를 일생토록 지배한다고 한다. 이러한 트라우마가 인간의 삶에서 다양한 방어기제로 작용되는데, 유아기의 어린 아이처럼 현실을 외면하고 돌아가려고 하는 '퇴행' 현상이나 주어진 상황과 문제를 타인에게 돌려 버리는 '투사', 심리적 충격이 신체의 증상으로 나타나는 '전환' 등이 방어기제의 대표적인 양상이다. 인간이라면 누구나 내면에 크고 작은 정신적 충격과 이로 인한 상처를 가지고 있다. 때문에 이러한 방어기제를 가지고 있지 않은 사람은 없다고 한다.[7] 그러나 방어기제가 모두 부정적인 현상과 방법으로 드러나는 것은 아니다. 방어기제 중 가장 긍정적이며 건설적인 표현 방법이 있는데, 그것이 사람들이 관용적으로 사용하는 '승화'이다. 인간 내면의 트라우마가 리비도[8]라고 하는 정신적 에너지를 완성하고 예술 작품으로 표현되는 것을 승화라고 한다. 초현실주의 예술가로 유명한 르네 마그리트[9]는 트라우마를 예술로 승화시킨 대표적인 작가이다. 헝겊으로 얼굴을 감싼 연인들을 표현한 작품으로 잘 알려진 그는 파이프의 정밀묘사 회화에 "이것은 파이프가 아니다"라는 텍스트를 삽입해 넣어 미술계에서 큰 반향을 일으켰다. 실제로 그는 어린 시절 어머니가 강물에 뛰어들어 자살하는 모습을 목도하였고, 이것이 그의 가장 큰 트라우마로 작용하여 그의 초현실주의적인 세계관과 사실적인 표현

〈연인들(le amants)〉, 르네 마그리트 그림.

기법에 큰 영향을 주었다고 한다.

마그리트의 철학과 표현 방식은 보통의 사람들이 이해하기에는 몹시 난해하고, 극단적이 사실이다. 그도 그럴 것이 마그리트가 겪어야만 했던 경험, 그에게 트라우마를 주었던 그 충격적인 경험은 누구나 겪는 체험이 아닌 드라마 그 자체였기 때문이다. 하지만 모든 사람들이 이처럼 극적인 체험을 통해 강한 트라우마를 형성하는 것은 아니다. 일반적으로 콤플렉스10)라고도 하는 개념이 많은 사람들이 공통적으로 가지고 있는 트라우마의 형태이다. 남성이 부친을 증오하고 모친에 대해서 무의식적인 성적 애착을 품는 현상을 오이디푸스 콤플렉스11)라 하는데, 대부분의 남성들이 가지고 있는 대표적인 콤플렉스 중 하나이다. 이 외에도 도브 콤플렉스12), 아도니스 콤플렉스13), 나폴레옹 콤플렉스14) 등이 있는데 이 역시 예술로 승화된 문학, 회화, 조각, 음악 등을 있게 한 주요한 힘으로서 작용해 왔다.

성적인 유머로 가득한 영화 <오스틴 파워>에 미국의 팝스타 '브리트니 스피어스' 로봇이 등장한다. 자신의 히트곡 'Oops, I did it again'을 부르며 나타나는 브리트니 스피어스 로봇은 주인공인 오스틴을 유혹하지만 그가 사정거리에 들어오자 가슴에서 총알을 발사한다. 이는 남성들의 성적 판타지를 극대화하여 표현한 것으로 여성에 대한 남성의 성적·감정적 트라우마가 집결된 형태이다. 여성은 남성에게 있어 성적 충동의 대상이기도 하지만 동시에 모성에 대한 욕망의 대상이기도 하다. 때문에 영화 속에 등장하는 여성 로봇은 성적 매력이 충만한 모습으로 남성의 섹스를 목적으로 존재하거나, 강한 여전사로 남성을 돕거나 구원하는 역할을 한다. 때문에 이러한 트라우마를 자극하는 로봇은 한결같은 글래머 여성 로봇일 수밖에 없는 것이다.

한국의 로보트 태권 V, 일본의 마징가 Z, 건담, 메칸더 V(사무라이의 상징) 등 아시아의 메카(mecha)형 로봇(아톰은 예외)들은 주인공을 지켜 주고, 불가능한 일을 가능하게 해 주는 일종의 수호신과 같은 역할을 하는 주술적인 캐릭터로서 등장한다. 일본의 경우 원자폭탄이 민족의 트라우마로 형성되고 일본 특유의 미신 문화가 결합하여 이러한 메카 문화가 자리 잡게 되었다는 전문가의 시각이 많다. 반면 미국의 경우는 다양하지만 T-800과 같은 안드로이드, 로보캅과 같은 사이보그가 선호된다. 로봇 자체가 주인공이며 하나의 캐릭터를 갖는데, 이는 개인의 결점을 보완·대체하거나 인간을 아예 대체하는 로봇

으로서, 싱글 플레이어로서의 영웅과 이를 통한 평화를 주제
의식으로 갖는다. 문화 콘텐츠 속 영웅은 대체로 사회적 불안
과 개인의 열등의식의 방증이라고 평가된다. 영웅 캐릭터의
대표적인 발현인 로봇이 이와 같은 형태적 차이를 보이는 것
은 아마도 동서양의 문화·사회적 특징 때문이 아닐까?

# 로봇 디자인 실전 문제

로봇의 사회학이나 철학도 좋지만, 결국 디자이너들은 사상이나 관념과 같은 '무엇을 보여 주느냐'보다는 '어떻게 보이느냐'로 평가된다. 같은 콘셉트와 제한점을 가지고도 디자이너들은 저마다 다른 해석과 표현이 가능하기 때문에 구체적으로 어떠한 법칙에 의해 로봇을 디자인해야 하는지 고민할 수밖에 없다.

시험을 앞둔 수험생들에게는 두꺼운 참고서보다 반드시 시험에 나오는 문제만을 골라 주는 속성 족집게 선생님이 필요할 터. 로봇 캐릭터 디자이너들에게도 '이것만 지켜도 반은 성공할 수 있다'는 법칙이 있다. 영화 속에서 로봇을 어떻게 디자인해 왔는지를 살펴보면 그 단순한 법칙에 깜짝 놀라게 될 것이다.

## 설계도가 없는 로봇은 없다

　로봇이 단지 '기계'일 뿐이라는 사실에 대해 더 이상 놀라거나 당황하는 독자는 없으리라 생각된다. 자, 모두 로봇을 하나씩 만든다고 가정해 보자. 나의 무릎 정도의 작은 신장을 가진, 나의 친구의 역할을 할 수 있는, 애완동물 콘셉트의 로봇. 로봇은 강아지 모양일 수도 있고, 네모반듯한 형태여도 좋다. 나는 무한한 예산과 시간을 가지고 있고, 어떤 모습이 될지 눈에 선하게 그려진다. 그럼 이제 만들어 볼까? 로봇을 만들기 위해서, 이 매력적인 기계를 만들기 위해서 반드시 필요한 것을 잊었다. 바로 설계도다. 어떠한 기계도 설계도 없이는 제작할 수가 없다. 기계란 오류와 고장으로 생과 사를 결정하기 때문에 마이크로미터의 오차와 작동하지 않는 부품은 로봇을 로봇이 아닌 고철 덩어리로 만들게 된다. 따라서 로봇을 작동하게 하는 전원과 골격, 입출력 장치의 위치와 방식, 볼트와 나사의 크기 하나까지도 설계도를 통해 결정된다. 따라서 설계도에는 완성될 로봇의 겉모습 이상이 그려진다. 로봇의 구체적인 움직임을 반영한, 기계적이며 전기적인 흐름과 구조를 표현하는, 어떤 기술자라도 설계도만 보고 로봇을 만들어 낼 수 있을 정도로 설명적인 하나의 문서인 셈이다. 따라서 로봇의 설계도를 보면 어떠한 로봇이 만들어지고, 어떻게 움직일 것이며, 어떠한 목적을 위해 조작될 수 있는지 가늠할 수 있을 것이라 기대된다.

기계인 로봇이 설계도에 의해 섬세하게 디자인되었다는 것은 몹시 분명한 것처럼 보인다. 로봇의 설계도에서 나타나는 복잡도는 로봇을 크게 두 가지 갈래로 나누는 아주 중요한 역할을 하고 있었다. 복잡도라고 하는 것은 쉽게 부품의 개수, 단일 부품의 크기, 변신 작동의 단계 등으로 정의할 수 있을 것이다. 이용된 부품의 개수가 많을수록, 단일 부품의 평균적 크기가 작을수록, 변신 작동의 단계가 여러 개일수록 설계도의 복잡도는 상승할 것이다.

로봇은 정통 SF 영화와 액션 영화에서 주로 전투와 테러를 위한 역할을 수행한다. 따라서 각각의 전투 로봇들은 서사상에서 전투를 승리로 이끄는 것 외에도 승리를 보장하는 외형적 카리스마를 가져야 할 필요가 있다. 의외로 로봇이 위용을 갖는 방법은 간단하다. 바로 앞서 언급한 복잡도이다. 디자인의 정교함, 복잡도, 크기, 명도, 변신의 단계는 전투력과 비례한다는 것을 전투 로봇 몇몇을 살펴보면 잘 알 수 있다.

<매트릭스>에서 기계제국의 주병기인 '센티넬'과 'A.P.U' 와의 전투 신은 정말 박친감 넘치는 명장면이다. 옵티머스 프라임이 이끄는 <트랜스포머>의 오토봇 군단과 킬데스가 이끄는 디셉티콘 군단의 전투 장면도 이에 못지않다. 센티넬과 옵티머스 프라임은 대표적인 전투 로봇으로 부품의 개수나 종

영화 〈트랜스포머〉의 오토봇 군단.

류를 알 수는 없을 것이다. 하지만 단적인 증거로 <트랜스포
머>의 옵티머스 프라임의 조립형 완구를 만들기 위해 필요한
부품이 250여 개, 완벽한 변신을 할 수 있는 상태로 완성하는
데까지 필요한 시간이 48시간 이상이라고 하니 더 무슨 말이
필요할까? 청소년들의 장난감으로 간소화되어 출시된 완구의
설계도도 이렇게 복잡한데, 실제로는 오죽 복잡하였을까. 하
지만 고맙게도 제작에 소요되는 비용과 정보가 방대한 만큼이

나 그 전투력은 놀라운 수준이다. 센티넬의 촉수가 실제로 발휘할 수 있는 힘은 10톤 이상이라는 기사는 섬뜩할 지경이니 말이다.

이처럼 전투용, 군용 로봇들을 디자인하는 데 있어 복잡한 설계도는 필수 요소로 보인다. 반대로 누가 봐도 허술하고 조잡해 보이는 월-E의 경우를 보면 복잡도와 전투력의 관계가 비례한다는 것이 더욱 분명해진다. 월-E는 심각한 환경오염 때문에 지구를 떠나 버린 사람들을 대신하여 지구를 청소하는 로봇이다. 월-E 외에도 <조니 5 파괴 작전>의 조니, <우주를 여행하는 히치하이커를 위한 안내서>의 마빈 등을 살펴보자. 조니는 가정에서 가정의 궂은일을 도맡아 하고 가족들의 친구가 되어 주는 로봇이며, 마빈은 우주선의 잔심부름을 담당하는 로봇으로 그 역할이 몹시 유사하다. 인간이 하기를 꺼려하는 일들을 대신해 준다는 측면에서 '로봇'이라는 명제에

영화 〈월-E〉의 월-E(좌),
영화 〈우주를 여행하는 히치하이커를 위한 안내서〉의 로봇 마빈(우).

가장 충실한 이 로봇들은 센티넬이나 오토봇 군단에 비해 어딘가 허술하고 부족해 보인다. 고급 기능이나 화려한 움직임을 하지 않는 이 로봇들의 특징은 로봇의 구성과 움직임이 단순하며, 때로는 서투르게 느껴진다는 데에 있다. 때문에 이 로봇들이 문제에 봉착하였을 때 이를 해결하는 방식은 인간들의 그것보다도 단순하고 소박하다. 닮은꼴 로봇 조니와 월-E는 집안과의, 연인 로봇과의 문제를 해결하기 위해 기계적인 힘이나 방법을 이용하는 대신 시간과 수고, 관심이라는 무기를 선택한다. '무슨 로봇이 이래?'라는 반응은 아직 이르다. 심지어 마빈은 권태로운 삶의 문제에 심취해 우울증에 걸려 버렸을 정도니 말이다. 로봇이라면 인간을 대신하여 수고스러운 일을 해내는 것은 물론이거니와 어려운 상황이나 사건에 처했을 때 인간보다 능숙한 솜씨로 쉽고 빠르게 이를 해결해 낼 수 있어야할 터이다. 그러나 이 '쉽게 만들어진 로봇들'[15]은 지름길보다는 느린 길을, 디지털보다는 아날로그를 선택한다. 그런 까닭에 조니, 월-E, 마빈 세 로봇은 인간이 겪어야만 하는 삶의 고충이나 어려움을 그대로 반복한다. 악당을 쉽게 물리칠 수도, 그들로부터 빠르게 도망칠 수도, 소중한 친구를 지켜 내기도 여간 어려운 일이 아니다. 쉽게 만들어진 로봇인 까닭에.

설계도의 복잡도에 따라 달라지는 전투력의 차이는 호감도, 친숙도에도 적지 않은 영향을 준다. 사람들은 쉽게 자신보다 똑똑하고, 예쁘고, 돈이 많은 사람을 시기하고 질투하는 경향이 있다. 하지만 상대가 자신과 사회적으로 먼 거리에 있다면 상대의 능력에 대해 경외의 단계에 이르게 된다. 소위 '엄친 아'라고 불리는 공부도 잘하고 잘생긴 데다 효자라는 엄마 친구 아들은 꼴 보기 싫더라도, 매스컴에 보도되는 잘생긴 서울대학교 수석 입학자에게는 알 수 없는 존경심을 느끼게 되는 것이 그 좋은 예가 될 것이다.

심리학자인 페스팅거는 사람은 누구나 자신의 지식이나 자기 자신을 다른 사람과 비교해 봄으로써 자신에 대한 확신을 갖게 된다는 사회비교 이론을 발표했다. 자신에게 중요한 사람이 자신과 타인을 어떻게 비교하는지 자기가 속한 집단에서 자신이 어떤 위치를 차지하고 있는지 등의 비교를 통해서 자신을 평가하고 그 평가의 결과가 자아개념이 된다는 것이다. 자아개념은 자신에 대한 생각과 그 생각에 대한 평가의 결합으로 나는 '키가 크다'는 것이 생각이라면 '키가 큰 것은 좋다', '키가 큰 것은 나쁘다'가 평가이다. 따라서 주체인 나를 객체인 상대 또는 제3의 인물과 비교함을 통하여 비교 우위에 있을 경우 만족과 기쁨을 느끼고 이러한 경우에 더 친근함과 호감을 갖는다는 것이다. 더구나 객체가 자신보다 못하다는 생각이 들기 시작하면 경계심을 풀고 호감과 안정감을 느끼게 된다.

이는 관객들은 로봇들에 대해서도 이와 동일한 기준을 적용하는 경향이 있다. 쉽게 만들어진 까닭에 전투력이라고는 없는 허술한 로봇들은 관객들을 스스로 비교 우위에 있다고 생각하게 만들고 따라서 쉽게 감정의 경계를 허물고 친근감을 느끼게 한다. 반대로 전투력이 강한 로봇들의 경우 전투력이 강한 만큼 관객들은 스스로를 절대적 약자와 무능력한 개체로 인식하게 된다. 따라서 범접할 수 없는 신격화된, 절대적인 존재로서의 로봇들에게 묘한 경외의 마음을 가지게 된다.

설계도가 없는 로봇은 없다. 가지고 싶은 로봇과 우러러보아야 할 로봇만이 있을 뿐이다. 로봇을 만들기 위해서는 단 두 장의 설계도만으로도 충분할지도 모르겠다. 디자이너들은 그 중 하나를 선택하는 것으로 고된 수고를 덜 수 있기를 바란다.

## 로봇의 생존 강령

로봇 캐릭터의 인기는 무엇이 결정하는 것일까? 영화 속 역할, 변신의 단계 등 다양한 관객의 취향이 저마다 다르기 때문에 보편적인 기준에 따라 대다수의 사람이 좋아할 만한(likable) 디자인이 가장 중요하다. 때문에 로봇은 인간 배우와 같이 많은 사람들이 친숙하게 느낄 수 있어야 하지만, 로봇이 주는 신선한 낯섦이 동시에 드러나야만 한다.

일본의 로봇공학자 모리 마사히로(森政弘) 박사는 인간과의 유사성(human likeness)과 인간이 느끼는 호감도(familiarity)에 일정한 규칙이 있다고 주장하며 언캐니 밸리16)라는 용어를 창시하였다. 언캐니 밸리(uncanny valley)는 '거의 인간에 가까운' 로봇이 기계적인 형태의 로봇에 비해 더 낮은 호감도를 갖는다는

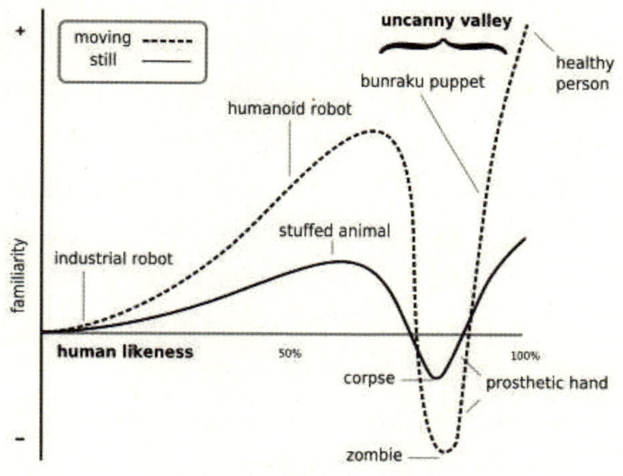


모리의 언캐니 밸리 함수.

이론이다. 모리의 실험과 이론은 인간과 더 비슷하다면, 더 친근하게 느낄 것이라는 로봇 개발자들의 순진한 기대에 찬물을 끼얹었다.

그래프의 출발점인 산업로봇(industrial robot)의 경우 기능 지향적인 로봇이기 때문에 그 형태는 중요하지 않다. 따라서 인간의 모습을 닮기는커녕 쉽게 로봇이 아닌 '기계'로만 인식되기 때문에 호감을 느끼기 어렵다. 하지만 휴머노이드(humanoid robot)는 인간과의 유사도가 높아질수록 높은 호감도를 갖는데 그의 실험에 의하면 피험자들은 인간과 약 50퍼센트 정도의 유사성을 갖는 로봇의 경우 같은 형태의 봉제 인형(stuffed animals)보다 높은 호감도와 친숙도를 표현했다고 한다. 로봇은 봉제 인형이 할 수 없는 동작이나 음성 표현을 할 수 있기 때문이다. 하지만 어느 정도를 넘어서면 그것이 외려 혐오감을 주기 시작하고, 외형은 시체(corpse)처럼, 동작을 하는 경우에는 좀비(zombie)와 같은 정도의 혐오감을 느낀다는 것이다. 한마디로 어설프게 인간을 닮은 로봇은 친밀도는커녕 반감만을 살 뿐이다. 하지만 인간과 거의 구별할 수 없을 정도(healthy person)로 똑같아지면 친밀도가 다시 회복되며, 혐오감을 주기 시작하는 지점과 친밀도를 다시 회복하는 지점 사이를 바로 언캐니 밸리, 섬뜩한 계곡이라고 부른 것이다.

앞서 소개된 <스타워즈>의 C3PO와 <터미네이터>의 T-800은 이 언캐니 밸리를 피해 간 가장 좋은 사례들이다. C3PO는 인간의 형상 중 머리, 몸통, 팔과 다리의 모든 기관들을 가지고 있으면서도 소재 면에서 인간과 전혀 다른 매질로 이루어져 있으며, 움직임도 인간에 비해 기계적이다. 따라서 인간과 확연히 구별되고, 이에 친숙함과 낯섦의 조화를 잘 이루고 있다. 반대로 터미네이터는 외형과 공작이 인간과 완전히 똑같기 때문에 기계적인 반감이나 송장과 같은 낯섦이 전혀 느껴지지 않는 것이다. 이 두 로봇은 전혀 다른 모습을 하고 있지만 언캐니 밸리를 사이에 둔 두 봉우리에 서 있기 때문에 저마다 큰 사랑을 받을 수 있었던 것이다.

영화 <바이센테니얼 맨>은 미국인들이 사랑하는 배우 로빈 윌리엄스를 모델로 한 가정부 로봇을 주인공으로 한 영화이다. 설거지, 청소, 요리, 정원 관리 등을 도맡아 하는 이 로봇은 가족을 사랑하고, 가족의 사랑을 회복시켜 주는 역할이었다. 그러나 사랑받지 못했다. 그 이유는 너무 사람 같은 로빈 윌리엄스와 똑 닮은 외모 때문이었다. 모리의 언캐니 밸리 이론이 가장 잘 적용될 수 있는 사례일 것이다. <폴라 익스프레스(The Polar Express)>와 같은 3D 컴퓨터 애니메이션에서도 똑같이 일어난다. 왜곡과 과장이 이루어지지 않은 인간의 재현에 대해서 인간들은 오히려 낯선 기분을 감추지 못한다.

또 하나, 언캐니 밸리에 좌초된 대표적인 애니메이션 <파이널 판타지>는 이른바 디지털 애니메이션으로서는 세계적인 관심을 받은 야심작이었다. 하지만 CG는 언제 끝날지 모르는 섬뜩함의 깊은 계곡을 지나야 할 것이다.

하지만 로봇 중에서도 안드로이드의 경우에는 언캐니 밸리를 완벽히 극복할 수 있는 좋은 예이다. 안드로이드는 인간 재현에 그 목적을 둔 만큼 인간의 신체적 속성을 극대화한 모습에 가장 큰 매력을 느낀다. 안드로이드는 인간을 완벽하게 재현해 내고 있기 때문에 성적인 역할, 전투 등 역할이 분명하고 이를 극대화할 수 있는 성적 매력을 최대한 강조한다. <공각기동대 2 - 이노센스>에 등장하는 섹스로이드가 그 좋은 예가 될 것이다. 신선한 낯섦은 철저히 포기한 채 제1장에서 소개한 바처럼 과장된 친숙함과 판타지를 통해 로봇은 언캐니 밸리를 뛰어 넘게 된다. 이는 '로봇'이라는 캐릭터의 특수성보다 '인간'으로서 가져야 할 외형적 덕목에 충실하여 친숙함을 정상으로 끌어당길 수 있는 것이다.

서투르게 닮은 로봇들은 언캐니 밸리에서 헤어 나오지 못하고 있다. 인간과의 외형적인 유사성으로 캐릭터의 친밀도를 높이겠다는 생각이 애당초 우격다짐인지도 모른다. 굳이 인간과 꼭 닮은 모습이 아니더라도 <인크레더블>처럼 캐릭터를 애니메이션의 캐릭터로 양식화하여 아예 계곡을 우회하거나 첫 번째 정상에서 깃발을 꽂는 것도 안전한 선택일 수 있다.

## A급 명품 스타일

디자인은 고도로 발전되고 산업화된 현대사회에 있어 가장 창조적인 작업으로 예술과 밀착되어 있다. 때문에 과거 캔버스와 진흙이 회화와 조각의 주재료였다면, 현대사회에 있어서는 창의력이 디자인의 주재료가 되었다. 포화된 기술 시장에서 독특하고 참신한 디자인은 상품을 돋보이게도 하고, 실제로 소비자들의 지갑을 여는 역할을 톡톡히 해 준다. 하지만 동시에 지나치게 혁신적인 디자인은 낯설고 어색한 디자인으로 평가되어 외면을 받기 일쑤이다. 그래서일까, 좋은 디자인을 할 수 없다면, 차라리 훌륭한 디자인을 가져다 베끼자는 것은 디자이너들에게 있어 하나의 명언처럼 자리 잡았다. 성공한 명품 브랜드의 스타일이나 패턴을 모방하는 것은 흔한 일이 되어 버렸고, 소위 A급이나 S급이라는 꼬리표를 달고 쇼윈도에 진열된 가방이나 구두를 찾기도 어려운 일은 아니다. 유명 가전제품들의 경우에도 한 회사에서 히트 친 상품이 있으면 동종 업계에서 낯 뜨거운 줄 모르고 베끼기에 분주하다. 하지만 디자이너들의 입장에서는 잘 베낀 상품 하나가 창의력을 쥐어짜 만든 상품 열 개보다 낮기 때문에 '판매'를 목적으로 하는 이상 어쩔 수 없는 노릇이다.

서사 예술인 영화, 그중에서도 가장 무한한 상상력을 발휘할 수 있는 SF 영화에서, 제작진에 의해 철저히 창조된 캐릭터 로봇은 창의력으로 점철되었다 해도 과언이 아닐 것이다. 게다가 기존에 존재하는 로봇이나 로봇에 대한 연구가 적어 레퍼런스가 부족하고, 때문에 창의력의 한계도 무한대이다. 어떠한 형태나 구조의 로봇이라도 디자인하는 것이 가능하다는 뜻이다. 하지만 흥미로운 사실은 로봇을 디자인하는 데 있어서 이러한 속임수들이 많은 명작 영화들을 통해 공공연하게 이루어져 왔다는 것이다.

이 흥미로운 눈속임은 처음에는 아주 창조적이며, 낭만적인 방식으로 진행되었다. 1995년 개봉한 <저지 드레드>에 등장

〈저지 드레드(Judge Dredd)〉의 ABC 워리어(Warrior)와 폐차된 디젤 자동차.

하는 ABC 워리어는 낡은 디젤 자동차에서 그 디자인 모티프를 빌려 왔다. 관객들은 굵고 단순한 선과 이미 여러 번 기름을 칠해 온 것 같은 녹이 슨 외피, 듬성듬성 들여다보이는 복잡한 부품들에서 디젤엔진의 파워를 고스란히 느낄 수 있었다. 오래된 것, 놀라운 발명품인 역사의 주인공 디젤 자동차는 ABC 워리어로 부활하고, 관객들은 알 수 없는 향수를 느낌과 동시에 디젤자동차가 가지고 있던 강한 이미지를 쉽게 ABC 워리어의 것으로 받아들였다.

하지만 모방이라는 것이 이렇게 모티프만을 따오는 것이라면 참으로 어려운 노릇일 터이다. 아주 조금만 변형하여 만들어 버린다면, 아무도 모를 텐데 말이다. 최초의 로봇 영화 <메트로폴리스>의 마리아는 <스타워즈> 시리즈의 C3PO, <터미네이터 3(Terminator 3 - Rise Of The Machines)>의 T-X, <트위키(Twiki)>의 트위키 등 무수히 많은 영화에서 리바이벌 되었다. 어떤 관객도 '마리아와 똑같은걸'이라고 말하지는 않았지만 모든 디자이너들이 마리아의 사진을 옆에 두고 디자인했음에 틀림이 없을 정도로 닮아 있다. 하지만 이미 성공한 마리아 덕분에 마리아의 변주곡들 역시 관객들에게서 적지 않은 찬사를 받을 수 있는지도 모른다.

이 외에도 많은 영화에서 더욱 노골적인 따라 하기가 서슴지 않고 행해졌다. 영화 <로스트 인 스페이스(Lost In Space)>는 우주의 거미 로봇들(Swarms Of Robot Spiders)을 등장시켰는데, <스타워즈>의 마니아들은 이를 보고 흥분하지 않을 수 없었

〈로스트 인 스페이스〉의 거미 로봇들(위),
〈스타워즈〉의 드로이데카(Droideka Droids)(아래).

다고 한다. <스타워즈>에서 제다이들도 꼼짝 못하게 하는 드로이데카(Droideka Droids)와 똑같은 디자인 때문이었다. 결국 <로스트 인 스페이스>는 흥행에서도 좋은 성과를 거두지 못했고 미국의 수많은 <스타워즈>의 마니아들로부터 혹독한 비난을 들어야만 했다. 이쯤 되면 단순히 성공한 디자인을 모방하는 것만으로는 성공을 보장받을 수 없다는 것은 분명해진다. '모방하는 자, 걸리지는 말라.'

〈조니 5 파괴 작전〉의 조니.　　〈월-E〉의 월-E(좌)와 이브(우).

　　이렇듯 영화 속 로봇들의 디자인이 끝없이 재활용되는 되는 데에는 한계가 있었다. 더 이상 성공을 보장할 수 없게 된 것이다. 그래서였을까, 픽사의 3D 애니메이션 〈월-E〉는 더 노골적인 모방, 즉 패러디를 통해 재미있는 장난을 치는 데 성공했다. 먼저 주인공인 로봇 월-E를 통해 <조니 5 파괴 작전>의 '조니'의 디자인을 재현하는 데 성공한 제작자들은 픽사의 최대 주주인 스티브 잡스와 애플 사를 영화 속에 녹여내기 시작했다. 월-E의 전원을 켜면 맥북(MacBook)의 부팅 소리가 들리고, 월-E가 사랑에 빠지게 되는 또 다른 로봇 이브는 애플의 대표 상품인 아이팟을 연상시킨다. 이 밖에도 <2001 스페이스 오디세이>의 로봇 할(HAL)의 극 중 역할과 디자인, 카

애플 사의 아이팟

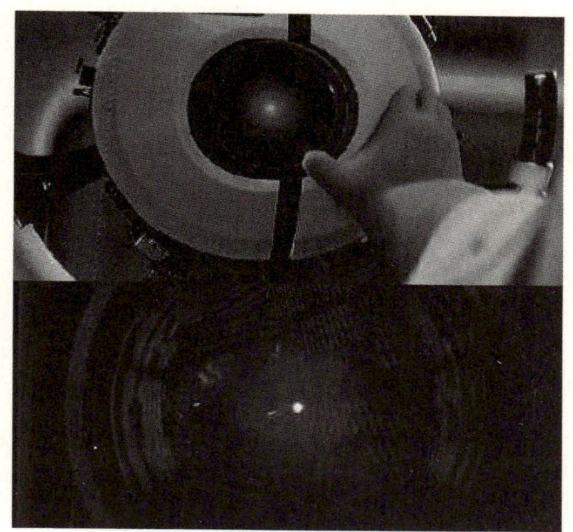

<월-E>의 우주선 로봇(위)과 <2001 스페이스 오디세이>의 할(아래).

메라워크까지 재현한 우주선의 로봇은 단순한 모방을 넘어 훌륭한 오마주 워크였다는 평가를 받았으며 흥행에도 크게 성공하였다.

1846년 보들레르는 화가들뿐 아니라 모든 예술가들에게 요구하는 것으로, '기질(temperament)'과 성실함을 바탕으로 이루어지는 '순수성'을 주장한다. 왜냐하면 기질이 없는 화가는 그림을 그릴 자격이 없고, 순수성을 담고 있지 못한 작품은 언급할 가치도 없다는 것이다. 가장 훌륭한 작품은 그 자체에 어떤 절대적 관점이 구상되어지는 것이며, 예술의 최대 적은 '모방자'와 '절충주의자'라고 말했다. 즉, 모든 상투적이고 세밀한 묘사와 손재주로 작품을 만들어 내는 것은 보들레르가 말하는 예술가로서의 행동이 아님을 의미한다. 하지만 모방은 참 좋은 창조의 지름길이며, 때로는 유쾌한 숨은그림찾기임에 분명하다.

# 로봇의 미술사

## 모든 역사는 순환한다

시각예술은 회화와 조각, 영상 예술 등으로 구분할 수 있다. 이러한 구분은 철저히 표현 방법에 의한 것으로 그것이 평면을 통한 예술인지, 입체를 통한 예술인지, 또 그것이 정지된 예술인지 움직이는 예술인지를 통해 구분된다. 하지만 어떠한 방식이라 하더라도 그 방식의 선구자라 할 수 있는 최초의 아티스트가 존재하며, 일련의 과정을 통해 발달하고, 더러는 더 이상 표현할 것이 없는 상태에 도달하기도 한다. 하지만 이러한 시각예술의 역사, 쉽게 말해 미술사에 조금이라도 관심이 있는 독자라면 미술의 역사는 그 표현 방법과 관계없이 유사한 흐름을 통해 발달해 왔다는 것을 잘 알고 있을 것이다. 원시미술이란 바위나 동굴 벽에 날카로운 돌멩이로 그려 넣은 짐승이나 원시 인간사의 모습이 그 자체로 예술적 의미를 가졌다. 하지만 사회의 권력이 분화되고 상하 계층구조가 형성되면서부터 미술은 권력을 위한 상징적 도구로 사용되었고, 권력을 뒷받침하거나 우상화하기 위한 형태로 이용되었다. 이후 미술은 끊임없이 귀족의 욕망과 권위를 위하여 이용되어 왔다. 하지만 소규모 살롱 문화로 발달되면서 진정한 예술로서의 미술이 발달하게 되는데, 인상파, 입체파, 야수파 등과 같은 미술 본질에 충실한 회화와 조각들이 이때부터 발달할 수 있었다. 현대사회로 접어들면서 미술은 보기 좋은(looking good) 미술에서 미술로서의 미술로 진화하게 되었다. 흥미로운 사실은 100년에 지나지 않는 짧은 로봇의 디자인사에서도 이러한 변화의 양상이 보인다는 점이다. 필자는 로봇의 탄생에서부터 현대에 이르기까지 로봇의 디자인이 어떠한 모습으로 변화되고, 성장해 왔는지를 서양미술사의 관점을 중심으로 재구성해 보았다.

## 창조하는 자, 예술가가 될지니

로봇이 처음 영화에 등장했던 1927년[17] 극장에서 마리아를 처음 본 관객들의 반응은 충격과 감동 그 자체였을 것이다. 인간도 동물도 단순한 기계도 아닌 로봇은 전에 없던 역할과 존

재를 창조해 내었기 때문에 '낯섦'이 주는 새로운 의미와 가
치를 탄생시켰다. 1927년, 마리아를 두고 '모습이 너무 사람
같군' 또는 '움직임이 조악하군'과 같은 평을 하는 사람이 있
었을 리 만무하다. 그저 '로봇이라니'라는 외마디 외침으로써
마리아의 디자인은 로봇의 존재론적 충격과 가치에 파묻혀 감
탄의 대상이 되었을 것이다. 이는 아담과 이브를 이 땅에 창조
하고 나서 '보시기에 참 좋았더라'[18]는 신의 감상을 연상시킨
다. 창조란 이렇게 창조 자체로서 가치 있고 아름다운 일이다.
영화 속 로봇도 처음에는 창조가 주는 새로움의 미학, 전무한
가치에 대한 감격과 시각적 충격을 통해 긍정적으로 평가되고
환대를 받을 수 있었다.

사실 1927년 마리아 이전에 로봇을 전면에 내세운 영화가
또 있었다면, 독자들은 놀라게 될지도 모르겠다. 1924년 발표

〈앨리타 ― 로봇들의 반란〉의 한 장면(좌)과 〈앨리타 ― 로봇들의 반란〉의 포스터(우).

된 <앨리타 - 로봇들의 반란>[19]이라는 영화가 그것인데 화성에서 활동하고 있는 로봇은 갑옷을 입은 병사라고 해도 될 만큼 구체적이지 못했다. 하지만 무성영화 시대의 SF 중에서 최고 걸작으로 꼽히며, 미래를 묘사한 세트 디자인은 이후의 SF 영화에 크나큰 영향을 끼치게 되었다.

이처럼 1920~1930년대 로봇이 등장한 초기의 영화들은 표현주의와 아방가르드라는 새로운 콘셉트를 제시하는 데는 큰 의미를 가졌지만, 로봇의 본질적 디자인에 있어서는 그다지 독창적이거나 훌륭했다고 말하기 어렵다. 게다가 초기 인간의 등신 형태와 구조적 동작을 그대로 본 딴 이 영화들 덕분에 우리는 지금까지도 인간과 너무도 닮아 있는 로봇들을 마주하고 있으니 말이다.

그러나 간과해서는 안 될 아주 중요한 의미가 또 여기에 있다. 빌렌도르프의 비너스와 알타미라 동굴 벽화에서는 흉부와 둔부가 지나치게 강조된 여인상과 야생 짐승의 모습을 발견할 수 있다. 원시미술에 있어 어린애들의 낙서나 흙장난과도 같은 수준의 벽화와 조각품은 단순한 '표현' 그 이상의 의미를 가졌다. 원시미술의 대부분은 당시 인간들로부터 다산, 풍요, 생존과 같은 생에 대한 인간의 본질적인 욕망과 두려움의 표상으로서 표현되어 주술적인 의미를 가졌다. 실제로 이것들은 다산과 안전을 위한 주술적인 의식을 치르기 위해 표현되었다고 한다. 후대에 찾아볼 수 없는 신앙적 가치의 산물이었는데 로봇의 초기 디자인 역시 이러한 종교적·주술적인 관점에서

빌렌도르프의 비너스(좌)와 알타미라 동굴 벽화(우).

살펴져야 할 것이다.

초기 SF 영화는 산업도시의 폐해와 인간성의 상실, 폭력적 문명 발전에 대한 비판적인 시각을 표현하기 위해 로봇을 등장시켰다. 로봇이 영화 속에서 유용한 도구, 인간의 친구, 동반자 등으로 표현되는 현대와는 전혀 다른 의미를 가졌던 것이다. 영화의 제작자들은 로봇을 순한 캐릭터로 등장시키거나, 상상력을 자랑하기 위해 창조한 것이 아니라 현대사회의 그릇된 발전 양상을 저지하기 위한 주술적 도구로 사용했던 것이다. 때문에 로봇의 외형적 디자인보다는 로봇의 등장에 초점이 맞추어질 수밖에 없었다.

안타깝게도 로봇이 소리 없이 외쳐 대던 인간성에 대한 역설과 산업사회에 대한 경고는 영화와 함께 역사 속에 묻혀 버렸다. 로봇이란 본래 이토록 형이상학적인 가치와 의미를 위해 창조되었거늘 무엇이든 유희와 권력을 위해 이용하는 호모 사케르[20]이자 호모 루덴스[21]인 어리석은 인간은 로봇을 가지고 힘을 겨루거나 시시껄렁한 장난을 치기 시작하였다.

## 군주, 황제, 영웅

원시미술은 고대 시대로 접어들면서부터 그 목적의식이 보다 분명해진 것처럼 보인다. 원시미술이 누구나(anybody), 또는 모두(everybody)를 위한 보편적(universal)이며 일반적(general)인 목적의 미술이었다면, 고대 시대의 미술은 어떤 이(somebody)를 위한 매우 특별하고(specific), 개인적(in person)인 목적의 미술로 변화되었다. 바로 절대 권력을 표현하는 것이 고대 미술에 있어 보편적이며 일반적인 양상이었다. 이집트의 파라오를 표현한 회화, 부조, 조각 등이 가장 대표적인 예이다. 메디네트 하브의 대신전에는 외민족을 격퇴하는 람세스 3세를 부조로 표현하여 파라오의 절대적인 힘과 능력을 표현하고 있다. 이는

〈맨카우라 왕과 왕비〉(좌)와 〈네바문의 가족 사냥〉(우).

백성들이 람세스 3세에 대한 동경과 앙망을 자발적으로 표현한 것은 아니었다. 람세스 3세는 작위적으로 자신의 모습을 시각적으로 형상화함으로써 파라오의 절대적이며 신적인 권력을 백성들에게 종용하고자 하였다. 그리고 2,800년 동안 지속된 고대 이집트 제국의 역사는 파라오의 시각적 작업이 매우 성공적이었음을 잘 보여 준다.

고대 페르시아 미술이나 한반도의 삼국시대 미술에서도 이러한 현상이 동일하게 나타난다. 이집트, 페르시아, 고구려의 벽화나 부조는 절대 권력, 왕정에 대한 표현 방법에 있어서도 크게 다르지 않았다. 파라오, 황제, 임금은 과장되게 큰 크기로 그려지고 신하, 병사들은 그보다 현저히 작은 크기로, 백성들은 이보다 더 작은 크기로 그려졌다. 이러한 왜곡의 역학은 현실 속에서는 비합리적이지만 작품 내에서 권력을 상징하는

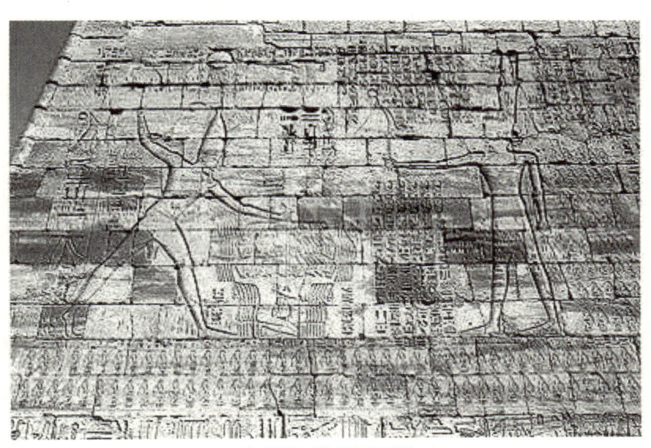

메디네트 하브의 대신전.

데 아주 효과적이었던 것 같다. 이는 원시 시대에 자발적으로 생산되던 작품들에서 나타나는 주술적인 경외의 표현은 사라진, 수직적 권력 구조하에서 강요된 이미지와 관념의 억지에 불과했다.

필자는 로봇 영화를 연대기 순으로 지켜보면서 아주 흥미로운 사실을 발견하였다. <앨리타>나 <메트로폴리스> 이후에 등장한 로봇이 종래의 투쟁적이며 자기성찰적인 메시지를 잃고 어떻게 변질되었는지를 지켜보면서 말이다.

1950년대 초 미국의 어느 숲에 거대한 운석이 떨어진다. 사람들은 별다른 걱정 없이 운석을 구경하는데, 그것은 단순한 운석이 아니라 화성인들이 발사한 우주선이었으며, 괴상한 외모의 화성인들이 우주선에서 기어 나와 지구인들을 공격한다. 바로 영화 <우주전쟁>22)의 한 장면이다. 이와는 반대로 우주로 나간 지구인들도 있었다. 알테어라는 행성에 착륙하게 된 탐사대원들은 로비라는 로봇과 알타이라를 만나게 된다. 알타미라의 인도로 황량한 혹성과는 사뭇 다른 분위기의 건물로 들어간 그들은 완벽한 방어 시스템을 갖추 있는 고도로 발달한 사회를 만나고 놀라게 된다. 영화 <금지된 세계>23)는 선진 문명이 발달한 알테어 행성에서 벌어지는 연쇄살인 사건을 다루는 SF-서스펜스 영화이다.

1950~1960년대는 우주에의 탐험 욕구가 최고조로 달했던 시기였다. 1958년 소련이 스푸트니크 1호를 발사하고, 1961년 소련의 유리 가가린이 108분 동안 지구를 일주하는 우주비행

<우주전쟁>의 한 장면.      <금지된 세계>의 포스터.

에 성공하자, 존 F. 케네디 대통령은 1960년대가 끝나기 전에 미국이 인간을 달에 착륙시키고 다시 무사히 귀환하게 하겠다고 선언했고, 마침내 1969년 7월 20일 아폴로 11호가 우주인 닐 암스트롱과 에드윈 올드린 2세를 태우고 달의 평원에 착륙하였다.

우주로의 끊임없는 정복 욕구는 사실상 우주에 대한 두려움의 반증이었다. 당대 SF 영화에서의 로봇은 우주로부터 침입한 고등 개체로 여겨져 두려움의 대상으로 표현되었다. 즉, 지구의 위협 요소인 우주 세력의 대표적인 캐릭터로 그려진 것이다. 두려움과 동시에 표현된 것은 힘과 권력, 대부분의 영화들은 외계 세력을 단순히 위협적이며 폭력적인 '악'으로서가 아니라 고등 지식과 선진 기술을 가진 지구보다 앞선 문명을 가진 세계로 그리고 있었다.

기술 발전의 속도가 인류의 기대를 훌쩍 뛰어넘어 인간에게 욕망과 두려움의 원인이 되었던 것. <2001 스페이스 오디

세이>[24] 디스커버리 호의 로봇 할(HAL)이 승무원인 풀을 우
주선 바깥으로 던져 버리는 장면은 발달하는 기계문명에 대한
인간의 두려움을 아주 극명하게 보여 주고 있다. 이처럼 로봇
은 인간이 공통적으로 가지고 있는 권력에 대한 두려움과 외
경심을 보여 주는 데에 좋은 도구로 활용되었다. 기술 그 자체
는 인류의 삶을 편안하고 윤택하게 변화시켜 주지만 언젠가는
인간과 기술의 권력이 전복될 수도 있다는 두려움은 기술에
대한 과장된 표현과 왜곡된 크기로 드러났다. 영화 <우주전
쟁>의 로봇들은 은회색 몸체와 초록색 할로겐 아웃풋으로 우
주선의 스테레오타입을 창조해 냈다. 인간이 만들어 낸 비행
기, 차량보다 훨씬 단순한 외형 디자인과 차가운 소재로 만들
어진 로봇, 입출력 장치 역시 단순하지만 색상으로 뚜렷하게
구분하여 강렬한 인상을 남기게 된다. <2001 스페이스 오디
세이>의 할도 마찬가지이다. 우주선의 실질적인 선장의 역할
을 하는 할은 이동, 운반 등의 동작을 하는 작동부와 붉은 렌
즈 형태의 입출력 장치로 단순한 구성이지만 붉은 렌즈는 고
대 프레스코화의 성모 마리아와 예수 어깨 너머의 후광과도
같은 강렬한 역할을 해주고 있다. 이 놀라운 발광체는 기존의
인간이 줄 수 없던 '빛'이라는 매개체를 통하여 불가침 권력
에 대해 강하고 분명한 텍스트를 전달하고 있다.

1950~1960년대 영화에서 그려지는 로봇은 낯섦에서 오는
소격감을 통해 두려움과 호기심을 적절하게 요리하여 각각 큰
성공을 거두었다. 전에 없던 자율 판단 능력과 입출력 기능을

완비한 이 기계의 등장은 배우들뿐만 아니라 관객들에게도 그 무시무시한 권력을 역설하기에는 충분하였다. 인간 문명에 새로이 등장한 침입자, 이방 세력인 '로봇'은 섬세한 유기질 구성의 인간 형상과는 전혀 다른 차가운 금속의 개체로서 철저하게 기록되었다. 절대 권력, 로봇.

## 살롱에 간 로봇

1970년대 이전, 사람들은 로봇이 인류를 정복하고, 지배하고, 파괴할 절대 권력이자 지성인 줄로만 알았지, 상냥한 이웃이나 유쾌한 친구인 줄은 몰랐다. 그도 그럴 것이 이 낯선 고철 덩어리들로부터 어떠한 친밀함을 느낄 수 있었겠는가? 친밀함이란 주체와의 유사함, 그리고 공격성을 상쇄시킬 만한 허점으로부터 오는 것이니 시그마 식스, 무결점의 기계는 친밀함과는 아주 거리가 멀었다. 하지만, 어느 샌가 인간은 로봇을 만드는 주체가 인간 스스로임을 깨닫기 시작하였다. 이미 아폴로 11호는 기억 저편에 묻어 두었고, 세계 경제는 미국을 중심으로 성장, 성장, 또 성장하고 있었다. 이럴 때 사람들은 긴장감을 늦추게 된다. 공포와 두려움을 극복한 인간들은 이를 통해 더 큰 자존감과 주인의식을 회복하는데 SF 영화사에 있어서도 이러한 현상은 분명해 보인다.

로봇은 1970년대에 접어들면서 인간의 적이나 지배자가 아닌 도구로 이해됨은 물론이고, 우주 역시 정복할 대상, 또는

영화 〈스타워즈〉 시리즈의 한 장면, C3PO(좌)와 R2D2(우).

인류 영역의 확장으로 여겨지게 되었다. <스타트랙>[25], <스타워즈 에피소드 4 - 새로운 희망>[26]가 대표적인 예가 될 것이다. 2010년을 앞두고 있는 현재까지 가장 사랑받는 로봇으로 꼽히는 것들이 바로 <스타워즈> 시리즈의 R2D2와 C3PO이다. 이 두 로봇이 관객들이 스크린에서뿐 아니라 자신의 집 안에 피규어로 들여놓기로 작정한 까닭은 무엇일까?

<스타워즈 에피소드 4 - 새로운 희망>의 R2D2와 C3PO는 로봇이 더 이상 로봇이 아닐 수 있었던 첫 번째 캐릭터들이었다. 이 작품은 명백히 SF 영화였으며, 수많은 로봇과 로켓, 비행 물체 등이 등장하고 있는데 막상 이 두 로봇은 다른 로봇들처럼 대단한 격투 신에 등장하거나, 화려한 변신을 하지 못하며, C3PO의 외형적 모습은 <메트로폴리스>의 마리아와 크게 다르지 않다. 하지만 중요한 것은 두 로봇은 영화 내에서 전투를 위한 병기로서, 인류를 지배하려는 침입자로서 존재하지 않는다는 점이다. 아나킨에 의해 탄생하고, 루크의

여정을 돕는 동반자의 역할을 하고 있다는 점에서 이전의 로봇들과 뚜렷하게 구별된다. 때문에 독립적인 캐릭터로서 관객들로 하여금 감정을 고취시키고, 애정을 쏟도록 만들 수 있었던 것이다. 특정하고, 낯선 로봇들에 불과한 C3PO와 R2D2는 영화가 전개되면서 루크 스카이워커와 같이 개인적이며, 친숙한 인물로 표현되고 이를 통해 관객들은 아주 보편적이며 일반적인 감정들을 느낄 수가 있었다. 그리고 영화사에서는, 특히나 상업적으로 굉장한 노하우를 가지고 있는 할리우드에서는 이 조력자들의 역할을 아주 탁월하게 설정하고 표현함으로써 주인공의 매력과 서사의 흥미를 고조시켜 왔다.

캠벨27)에 의하면 주인공의 여정을 돕는 조력자의 역할은 크게 둘로 구분된다. 하나는 여정을 전적으로 돕고 멘토가 되어 주는 조력자이며, 다른 하나는 그 여정을 유쾌하게 만들어 주는 조력자이다. 캠벨은 C3PO와 R2D2를 이 역할을 하는 대표적인 예로 들었다. 루크의 여정에 있어 R2D2는 길잡이와 동반자로서 함께하며, C3PO는 실수가 많지만 길고 험난한 여정을 즐겁게 만들어주는 동반자가 되어 준다. 대부분의 상업 영화에서 등장하는 조력자들은 공통적인 외형적 특징을 갖게 되는데, 영화 몇 편을 살펴보면 누구라도 쉽게 알아차릴 수 있을 것이다. 영화 <라이온 킹>의 티몬과 품바, <나 홀로 집에>의 좀도둑 해리와 짐, <반지의 제왕> 시리즈의 샘과 메리, <해리 포터> 시리즈의 헤르미온느와 론. 눈치가 빠른 독자들이라면 많은 영화들에서 주인공을 돕는 조력자들이 하나

영화 〈라이온 킹〉의 한 장면,
품바(좌)와 티몬(우).

영화 〈나 홀로 집에〉의
해리(좌)와 짐(우).

가 아닌 콤비로 움직였다는 것, 둘 중 하나는 진지하고 실질적인 도움을 많이 주었으며 나머지 하나는 덤벙대며 희극적이라는 것 외에도 재미있는 사실을 하나 발견했을 것이다. 분명하게 구분되는 두 조력자들의 디자인에도 이를 드러내는 특징이 있다. <라이온 킹>의 품바, <나 홀로 집에>의 짐, <해리 포터>시리즈의 론은 겁이 많고 인정이 많아서 주인공의 험난한 여정과 성장을 돕는다기보다는 오히려 방해를 하는 것처럼 보인다. 반대로 티몬, 해리, 헤르미온느는 직언을 하며, 주인공을 여정 속으로 몰아붙이는 역할을 한다. 전자들은 주로 키와 덩치가 크며 크고 처진 눈을 가졌다면, 후자들은 작고 다부진 체격에 매서운 눈을 가졌다. 이 든든한 조력자 콤비의 법칙은 R2D2와 C3PO에게도 잘 맞아 떨어진다. 표정이 없는 로봇 R2D2는 움직임 역시 매우 제한적이며, 사실을 전달하고, 요청된 정보를 제공하는 등의 역할을 수행한다. 쓰레기통이나 진공청소기 등과 유사한 R2D2의 디자인은 그의 도구적 역할을 잘 드러내 준다. 그리고 크기는 작지만 견고함이 느껴지는 몸체의 중량감은 실수가 없으며, 신뢰할 만한 조력자임을 드러내기에 탁월한 디자인이라는 평가를 내리기에 충분하다. 반면 우스갯소리를 하며 시키지도 않은 일을 하려다 실수를 연발하는 C3PO는 키가 크고 금속 재질로 이루어졌지만 움직임이 빠르고 가볍기 때문에 관객들에게 어딘가 허술한 느낌을 준다. 딱 그의 캐릭터에 맞게 말이다. C3PO의 디자인은 <나홀로 집에>의 짐이나 <해리 포터>시리즈의 론처럼 키는 크지만 실수가 많고, 큰 눈 때문에 겁이 많은 모습과 몹시도 닮아 있다.

이러한 특징들이 이 두 로봇을 그저 로봇이 아닌 하나의 캐릭터로 진화시키는 데 가장 주요한 역할을 하게 되었다. 덕분에 많은 돈을 투자한 투자자들은 이들을 피규어나 조립식 장난감으로 제작하여 판매함으로써 큰 수익을 올릴 수 있었고, 관객들은 영화 속에서만 볼 수 있던 로봇들을 자신들의 방 안에 초대하고 상상을 현실화할 수 있었다. 자신들만의 살롱에서.

18세기 전후 살롱은 절대주의 의식을 타파하고 근대 의식을 형성했던 '새로운 공간이었다. 살롱은 문인, 저술가, 현학자, 정치인, 예술가 등이 드나들었던 '사교의 장', '대화의 장', '지적 토론의 장'으로 신분이나 지위를 막론하고, 누구나 출입하고 싶어 하는 곳이었다. 살롱은 여주인들의 독서, 토론, 게임, 공연, 식도락 같은 여가 활동을 통해 사교계와 문화계의 명사들을 조직적으로 끌어들여 문학, 음악, 미술의 새로운 장을 열었다. 17~18세기까지의 미술이 전통적·남성적·권력 지향적이었다면 이 시대의 미술은 근대적·여성적·사적인 미술이었다. 역사적 사건의 진술이나 위대한 인물의 재현과 같은 목적 지향적인 미술은 역사적 사건의 왜곡이나 재해석, 개인들의 사소한 감정들, 자연의 아름다움 등을 표현하기 시작하였다. 밀레[28], 고야[29] 등이 이 시대의 대표적인 작가들이다. 이를 통해 공공미술에 가까웠던 기존의 미술은 개인의 소장품으로 발전하여 예술을 하나의 산업으로 성장시키는 계기가 되었다.

미술 작품을 소장하고자 하는 욕구는 이처럼 사적인 감정과 친밀함을 통해 불러일으켜졌다. 기존의 권력과 영광을 드러내기 위한 미술이 아닌 개인적이며 보편적인 시각으로 그려진 그림을 통해 인간은 특유의 '관계 맺기'를 시작하고, 이러한 '관계 맺기'가 작품을 '나의 것'으로 만들기로 마음먹게 하는 것이다.

<스타워즈> 시리즈의 R2D2와 C3PO는 이러한 의미에서 영화 속 로봇의 살롱 문화를 시작한 창시자라고 할 수 있다. 외부의 침입자나 전투 병사가 아닌 동반자, 조력자로 그려진 두 로봇은 스크린 밖으로, 관객들의 사적인 살롱으로 초대되었다. 살롱 문화가 흥했던 19세기 미술이 고전 미술의 원칙은 고수하면서도 색상의 교묘한 변화라든지 소재의 왜곡과 조합을 통해 주었던 심리적 소요를 우리는 두 로봇, R2D2와 C3PO에게서 느꼈는지도 모른다. 로봇이 제법 눈에 익어진 관

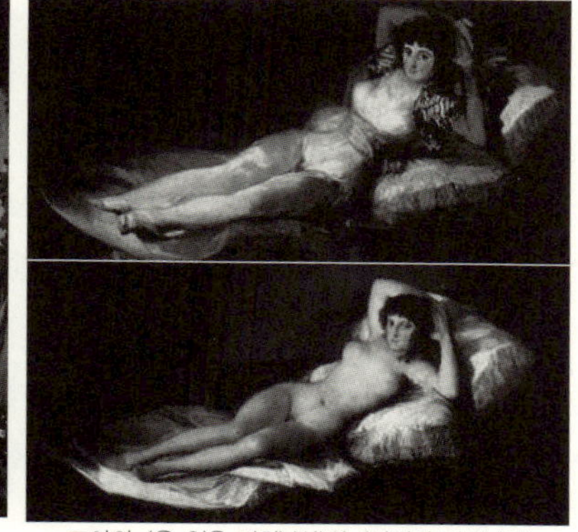

앵그르의 〈샘〉.　　　　　고야의 〈옷 입은 마하〉(상)와 〈나체의 마하〉(하)

객들에게 R2D2와 C3PO는 '키다리와 난쟁이', '뚱보와 홀쭉이'로 대표되는 대비와 조화를 통해 마술을 부렸다. 기계가 아닌 캐릭터, 도구가 아닌 관계 맺기의 대상으로 관객들의 마음속에 자리 잡은 R2D2와 C3PO 콤비는 SF 영화계의 첫 번째 살롱 미술제의 수상작이다. 이후 <조니 5 파괴 작전>의 조니, <트위키>[30]의 트위키(Twiki), 등은 스크린 바깥에서까지 사랑받는 로봇 캐릭터의 계보를 이었다.

## 파괴된 아름다움, 그대의 이름은 충격

프랑스의 대표적인 자연주의 소설가 에밀 졸라는 그의 작품 『작품: 예술가의 초상』[31]에서 살롱 문화에서 인정받지 못한 급진적인 화가들의 비극적인 삶을 그렸다. 실제로 성행하

였던 살롱 문화는 19세기 말에 이르러 빠르게 그 폐해를 드러
내기 시작하였는데 미술이 그 순수성과 미술의 본질적 가치를
잃고 부르주아의 과시적 소비32)를 위해서 생산되기 시작했던
것. 19세기 프랑스의 미술비평가였던 보들레르는 미술비평집
『1845년의 살롱』을 시작으로 사회적 계급의 허위성과 부르주
아 계급에 예속된 살롱 미술을 비난한다. 비단 보들레르의 비
평뿐 아니라 실제로 미술계에서는 바르비종파33), 르동34) 등
인상주의와 추상주의, 상징주의 미술로의 비약적 발전이 이미
이루어지고 있었다. 바로 사진기의 등장이 그 원인이다. 인상
파의 등장은 사진기의 등장으로 인해 촉발되었는데, 사진기가
발명되어, 더 이상 정밀하고 실제와 같은 그림을 그릴 필요가
없어졌기에, 기계로는 포착할 수 없는 부드러운 인상을 그리
기 시작하였던 것이다.

화가들의 작업이 부르주아의 입맛을 만족시켜 주기 위한
'살롱 미술'로 전락한 것에 대한 비판 의식은 20세기에 접어
들면서 미술의 근대적 변화를 가속화시켰다. 20세기 초에 잇
달아 나타난 야수파35), 표현파36), 입체파37), 초현실파38) 등의
운동은 미술의 순수화를 촉구한 근대주의의 자율적 도달이었
다. 낭만주의, 인상주의 미술에서의 단순한 조합과 왜곡 등이
회화의 주요 쟁점이었다면 20세기 이후 미술에서는 파괴와 해
체를 통한 회화로 관람객들에게 시각적 충격과 각성을 주고자
하였다.

영화사에 일찌감치 등장한 로봇은 충격과 낯섦이라는 코드

▲ 초현실주의 미술의 대표 작가 마그리트의
〈이것은 파이프가 아니다〉.
▶ 입체파의 대표적인 작가 피카소의 〈꿈〉.

로 영화에 전에 없던 시각적 변화와 철학적 발전을 도모해 주
었다. 그리고 1980년대에 들어서면서부터는 로봇에 대한 기존
의 충격이나 낯섦이 사라지게 되었고 저마다 매력적인 캐릭터
로 사랑받기 시작하였다. 하지만 <메트로폴리스>의 마리아
부터 <스타워즈>의 C3PO까지 이어지는 직립형 금속 로봇은
점차 식상해지기 시작하였고, 더 이상 관객들의 눈과 감성을
자극할 수 없게 되었다. 로봇의 등장은 더 이상 신선하지 않았
으며, 다만 로봇이 배우 중 하나로 여겨질 정도로 익숙한 것이
되어 갔다. 하지만 마침 컴퓨터 그래픽스가 발달하면서 로봇
들은 큰 변화의 국면을 맞이하게 된다. 영화가 로봇을 파괴하
기 시작한 것이다.

터미네이터가 스스로의 눈을 도려내는 장면은 주인공의 자
해가 주는 충격도 있었지만, 고장나고 파괴되는 로봇의 기계

영화 〈터미네이터〉의 T-800.

적 본질에 대해 정면으로 시사한 첫 번째 장면이었다. 피를 흘리는 인간은 줄 수 없는 낯설고 충격적인 기계적 내면의 드러냄을 통해 T-800은 그 순간 아놀드 슈왈제네거라는 배우에서 기계인 로봇으로 변신한다. 인간의 모습을 한 안드로이드 T-800은 이를 통해 인간이 아닌 로봇으로서의 본인과 마주하게 되고, 관객들 역시 캐릭터에 대한 몰입의 단절을 경험하게 된다. 하지만 미술에 있어서 파괴가 주는 감정은 충격과 몰입의 단절에서 한 단계 넘어서는 힘을 갖는다. 회화와 조각에서 마그리트의 <이것은 파이프가 아니다>와 피카소의 <꿈>은 각각 작품의 주제의식이 전달하는 텍스트와, 작품의 오브제의 형태적 속성을 파괴함으로써 미술계에 충격을 주었다. 하지만 이러한 충격은 기존의 외방향의 시각적 전달로서의 미술을 2차적 추상과 철학의 도구로 승화시켰다. 때문에 각각의 작품은 단순히 미술 작품 중 하나가 아니라 독특한 사색적 감상으로서 인식되게 되는데 이것이 바로 파괴된 미술이 갖는 힘이다.

1980~1990년대에는 유난히 안드로이드가 영화의 단골 주역으로 등장하였다. T-800 외에도 <다릴>의 다릴, <바이센테니얼 맨>의 앤드류, <이브의 파괴>의 이브 8호, <가상현실>의 SID 6.7은 전부 실제 배우가 안드로이드로 분한 모습이었다. 사진기가 발전하자 새로운 미술의 사조가 등장한 것처럼, 미국과 일본에서 2족 보행 로봇을 만들어 내기 시작하면서 이러한 현상은 더욱 두드러졌다. 이러한 작업은 인간이 인간과 로봇의 '구분 짓기'를 멈추고 구분된 가치의 하이브리드를 통해 관객들로 하여금 '로봇은 기계다'라는 의식을 파괴하였다. 그리고 <안드로이드>나 <블레이드 러너>는 인간보다도 더 절실하게 인간성을 추구하는 안드로이드들을 주인공으로 등장시켜 과연 인간다움이란 무엇인가 하는 화두를 던졌다. <블레이드 러너>에서 수명이 얼마 남지 않은 리플리컨트들이 인간보다 더욱 인간다운 면모를 보이며 자신의 존재에 대해 질문하는 모습은 인간적이라는 설명으로는 부족하고, 철학적이기까지 하다. 이렇듯 기계적 외형을 파괴한 로봇은 '인간다움'이라는 소재적 특성을 덧입고 더욱 분명한 캐릭터로 자리를 잡는다. T-800은 아놀드 슈왈제네거라는 굵직한 배우가 갖는 강한 이미지의 프리라이더였던 셈이다.

1980~1990년대에는 로봇과 인간의 외형적 거리 두기를 멈추고, 인간과 똑같은 외모를 가진 안드로이드를 등장시켰다.

때문에 자연스럽게 관객들에게 로봇이 기계인가, 하는 물음을 던지며 인간의 인간됨에 대한 고민을 하도록 한다. 근대미술에 있어서 초상화는 인물의 파괴, 인간과의 거리 두기를 통해 파괴와 충격을 꾀했다면, 로봇은 오히려 로봇과 인간의 간극을 파괴하고, 로봇에게 인간성을 부여함으로써 파괴와 충격의 초상을 선사하였다. 그리고 로봇의 '인간됨'은 로봇의 '로봇됨'을 더욱 역설하고, 인간의 '인간됨' 상실을 비판하는 아주 효과적인 방식이었다.

현대의 미술과 디자인은 이전까지와는 전혀 다른 양상으로 발달하고 있다. 백남준은 현대 미디어아트 시대를 연 창시자로 평가받는데, 그를 비롯한 많은 현대미술 작가들의 작품 세계는 공통적인 특징을 갖는다. 예술은 현대미술이 등장하기 전까지 '아름다움'을 추구해 왔다. 하지만 현대미술은 더 이상 아름답기는커녕 추하기까지 하다. 이제 미술은 전통적으로 추구해왔던 '미'를 포기함으로써 다른 것들을 열망하게 되는데 그중 하나가 바로 '숭고'의 미학이다. 작품이 미에서 숭고를 지향하는 것은 단순한 표현 양식이나 재료의 변화가 아니라, '미'에 종속되어 있었던 근대적인 예술의 성격을 벗어나는 패러다임의 전환이다. 과거 초상화를 보며 '정말 똑같다!'라고 감탄하는 것, 그리고 그 초상을 더 보기 좋게 또는 색다르게 그리는 것이 15세기부터 19세기까지 이어져 온 회화의 역사였다. 하지만 이런 예술에는 분명히 한계가 있었다. 회화가 단지 특정한 메시지를 위한 객체에 불과하다는 것인데 가령, 고흐의 <까마귀가 나는 밀밭>의 그림을 보고 '이것은 고흐 자신의 자의식의 표현이야'라고 느낀다면 그 그림은 오직 예술가를 나타내는 '객체'이자 '도구'로서 존재할 뿐이라는 점이다. 숭고를 지향하는 예술 작품은 이렇게 어떤 형태로든 '객체'이기를 거부하고 작품 자체를 전면으로 내세운다. 고전적 의미의 주체는 이제 작품 안에서 죽음을 선언했다. 예술 작품을 어떤 특정한 주체에게 귀속시키는 것을 거부함으로써 작품은 사물의 모방이나, 예술가의 머릿속이나 낭만 따위를 모방하기를 포기하고 작품 자체가 '주체'가 되기를 원한다.

작품을 작품의 주체고, 숭고한 주체로 독립시키는 것은 바로 작품의 '사건성'이다. 하이데거에 따르면 우리가 오늘날 사물을 대하는 것은 '존재 망각'의 태도라 한다. 사물은 그 안에 원래 그것만의 세계를 담고 있어 도구로서 이해되어서는 안 된다. 사물은 잊혀졌던, 그동안 망각되었던 세계를 열어 주는 통로로써 존재하여야 하는 것이다.

미술사적 관점으로 본 로봇은 현재 진화를 멈추고 정체하고 있다. 가령 옛날 그리스 시대의 장인들은 신상을 만듦으로써, 신들을 비로소 존재하게 만들었듯이 <메트로폴리스>의 마리아는 『R.U.R』의 로봇을 존재하게 만들었다. 하지만 <트랜스포머>의 오토봇, <아이, 로봇>의 써니는 마리아보다 더 세련돼 보일 수는 있겠지만 새로운 세계를 열어 주거나 독특한 미학적 기준을 제시해 주지 못하고 있기 때문에 관객의 상상력을 되레 제한하고 있다.

이러한 의미에서 애니메이션 <월-E>의 의미가 남다르다. 현대미술 초기 팝아트[39]는 텔레비전이나 매스미디어, 상품광고, 쇼윈도, 고속도로 변의 빌보드와 거리의 교통 표지판 등의 다중적이고 일상적인 것들뿐만 아니라 코카콜라, 만화 속의 주인공 등 범상하고 흔한 소재들을 미술 속으로 끌어들임으로써 순수예술과 대중예술이라는 이분법적, 위계적 구조를 불식시키고, 산업사회의 현실을 미술 속에 적극적으로 수용하였다. <월-E>의 주인공 월-E와 이브는 인간의 도구로서 존재하는 대신 독립적인 주체로서 극을 이끌어 나간다. 각각 지구를 청소하는 로봇과 지구의 상태를 점검하는 로봇이었지만 둘 사이에서 애틋한 감정이 시작되면서 두 캐릭터는 로맨스의 주인공으로 탈바꿈한다. 로봇이 무슨 감정을 가져, 하는 촌스러운 반문 따위를 하는 관객은 없다. 고리타분한 주제나 문제의식은 더 이상 중요하지 않게 되었다는 뜻이다. 게다가 월-E와 이브는 <조니 5 파괴 작전>의 캐릭터 조니, 전자기기인 맥북과 아이팟을 노골적으로 패러디하여 초기 팝아트의 양상을 보여주었다. 게다가 대사가 거의 없는 두 로봇의 연기는 각 캐릭터가 관객들로 하여금 텍스트가 아닌 이미지로 인지되는 중요한 이유로 작용하였다. 이렇게 시각적 메시지 본질에 충실한 <월-E>의 캐릭터 디자인은 21세기 로봇의 디자인에 시사하는 바가 크다.

어쩌면 시각적으로는 더 새로울 것이 없는 모습이지만 설계의 난해함이나 값싼 주제의식 따위가 사라진 모습의 월-E. 로

봇이 로봇 자체로서 놀이의 중심에 선 최초의 영화 월-E는 우
리에게 로봇이 갖게 될 새로운 아이덴티티를 기대하게끔 한다.

# 에필로그

로봇은 점차 SF 영화가 아닌 일반 영화로 그 무대를 넓혀가고 있다. <스텝포드 와이프>나 <에이 아이>와 같은 영화는 SF라기보다는 드라마 장르에, <로봇>과 <트랜스포머>는 각각 코미디와 액션 장르에 가깝다. 이처럼 100년 동안 영화계의 대형 스타로 장수하고 있는 로봇이 왜 더 이상 친정인 SF 장르에서 활약하지 못하는 것일까? 2000년대에 접어들어서는 SF 영화에서 로봇은 과거 로봇이 주었던 강렬한 카타르시스를 주기보다는 일회적으로 소모되는 시각적 사치의 수준을 넘어서지 못하고 있는 것이 사실이다. 더불어 필자는 <메트로폴리스>의 마리아와 <조니 5 파괴 작전>의 조니, <메칸더 V>의 메칸더와는 다른 새로운 모습의 로봇은 더 이상 등장하지 않는 것인지, 의문이 들기 시작했다.

로봇이란 결국 매우 발전된 형태의 컴퓨터이다. 하드웨어와 소프트웨어의 조합체로 정교한 설계도와 프로그램만 있으면 누구나 창조해 낼 수 있는 똑똑한 컴퓨터인 것이다. 기계와 기계를 움직이는 프로그램의 변주곡이 우리가 사랑해 마지않는 로봇의 전부이다. 약 18,000개의 진공관을 사용한 최초의 전자식 컴퓨터 에니악. 에니악이 처음 발명되었을 때 2.6미터, 두께 0.9미터, 길이 26미터로 설치하려면 약 63제곱미터의 넓이를 차지하였고, 무게 또한 약 30톤에 이르는 거대한 것이었다. 소요 전력은 150킬로와트로 어마어마했다. 하지만 계산 속도는 종래의 계전기식에 비해 1,000배 이상 빨랐다고 기록된다. 이때 어느 누구도 에니악이 너무 크다고, 무겁다고, 세련된 형태나 모양이 아니라고 트집을 잡는 사람은 없었을 것이다. 하지만 1970년대에 들어서 IBM 사에 의해 전자식 컴퓨터가 개발되고, 10년 후 개인용 컴퓨터와 휴대용 컴퓨터가 보급화 되면서부터는 컴퓨터의 성능(속도나 저장 용량 등)이 컴퓨터의 가격을 결정하는 가장 중요한 요인으로 자리 잡게 되었다. 하지만 21세기에 들어서면서부터는 컴퓨터의 디자인이 상품을 선택하는 데 매우 중요한 역할을 하기 시작하였다. 크기와 색상, 고유 폰트나 세련된 외관에 집중하게 된 것이다.

2000년대 로봇 중 세련된 디자인으로 많은 찬사를 받았던 <아이, 로봇>의 써니. 필자는 모질게도 그가 <메트로폴리스>의 마리아와 다른 점이 소재와 색상뿐이라는 것을 부인할

〈아이, 로봇〉에 나오는 로봇 써니(Sonny).

수 없다. 2족 보행을 하는 등신형 로봇에 델과 수잔과 대화하는 방식이나 도구를 다루는 방식은 여전히 안드로이드와 같으며, 두 눈과 코, 입을 가진 써니에게서 무슨 새로운 감동을 느꼈다면 그것은 검정 색 노트북 컴퓨터들 틈에 끼어 있는 애플의 노트북인 맥북을 보고 느끼는 1차적인 시각 반응에 지나지 않는다.

21세기를 '로봇의 세기'로 예측하고 있다. 과거에는 단지 가상의 세계 속에 존재하였지만 이제는 산업 현장을 떠나 우리가 살고 있는 가정에까지 파고들고 있다. 다시 말해서 로봇이 더 이상 도구가 아닌 같이 살아가는 객체로 인식되고 있다는 것이다. 도구적인 장비에 불과했던, 또는 영화나 애니메이션의 가상 캐릭터로만 여겨지던 로봇이 인간 사회에 발을 들여놓기 시작한 것이다. 1999년 5월부터 판매되기 시작한 소니의 애완용 로봇 아이보(AIBO)를 시작으로 P2와 같이 보다 작고 가볍고 운동성과 조작성이 한 차원 향상된 로봇들이 계속해서 만들어졌다. 혼다의 P3나 아시모(ASIMO) 등이 그 대표적인 예다. 그 과정을 통해 인간과 똑같은 외모, 다시 말해 두 다리로 직립 보행하는 인간형 로봇인 휴머노이드(humanoid)의 연구도 활발하게 이루어지게 되었으며 국내에서도 이러한 연구는 붐을 이루고 있다. 로봇 메카닉스가 현실화되어 영화 밖으로 나와 버렸다.

애플의 노트북 맥북 시리즈가 전 세계적으로 인기몰이를 할 수 있는 까닭은 맥북이 사용자들에게 주는 새로운 경험 때문이다. MS-DOS에서는 차가운 명령어를 입력하여 실행하였던 프로그램이 애플의 OS에서는 마우스 클릭 한 번으로 가능했고, 사용자들은 감동하였다. 기존의 PC나 노트북 컴퓨터의 윈도가 주지 못했던, 새롭고 참신한 경험이 맥북을 그저 흰 색 노트북 컴퓨터가 아닌 맥북으로 만들어 준 셈이다. 감동받은 맥북의 사용자들은 사실은 마이크로소프트의 운영체제보다 많은 부분에서 더 많은 수고와 관심이 필요한 맥북을 그 수고와 관심을 들여서라도 이용하고 있으니 '감동'이 주는 메시지는 일회성이 아니다.

이처럼 컴퓨터 사이언스가 단순한 소프트웨어(SW) 개발에서 그래픽 사용자 환경(graphic user interface) 디자인으로 발전한 것처럼, 도스(MS-DOS)에서 윈도 비스타(Windows Vista)에 이르는 것처럼 로봇의 디자인에 있어서도 변화가 필요하다. 시각적 기술은 이제 최고의 수준으로 성장하였다. 로봇이 코미디나 드라마 장르가 아닌 SF 장르에서 본연의 역할을 다하기 위해서는 겉으로 보이는 외형 디자인이 아니라 색다른 차원의 시스템과 움직임, 인터페이스와 인터랙션 디자인으로의 도약이 필요하다.

마샬 맥루한[40]은 모든 매체는 인간 능력의 확장이라고 주장하였다. 책은 눈의 확장이고, 바퀴는 다리의 확장이며, 옷은 피부의 확장이고, 전자회로는 중추신경 계통의 확장이다. 감각기관의 확장으로서 모든 매체는 그 메시지와 상관없이 우리가 세상을 인식하는 방식에 영향을 준다. 때문에 매체가 다르면 메시지도 달라지고 수용자가 세계를 인식하는 방식도 달라진다. 이것이 바로 경험의 차이이다. 로봇이 기존의 표현 방식에서 단순히 소재와 색상, 움직임의 경중만을 변화시키는 것만으로는 관객들에게 새로운 경험을 줄 수 없으며, 새로운 주제의식 역시 전달하기 어렵다. 이러한 까닭에 변화하지 않는 로봇의 디자인이 로봇 영화의 서사가 진화하는 것을 막아서고 있다. 2010년을 앞둔 지금 로봇은 장수 스타로서의 자리가 몹시 위태롭다.

로봇이 더 이상 가상의 존재가 아닌 실재가 되어 버린 21세기를 살아가는 관객들은 낡은 방식으로 그려지는 허무맹랑한 로봇들에게서 권태를 느끼고 있다. 더 이상 영화 속 로봇은 시뮬라크르가 아니다.

로봇은 바퀴, 금속의 몸체, 전자회로를 통한 감각의 확장을 전혀 다른 차원과 방식으로 전환하여야 할 것이다. 전과 같은 설계도, 전과 같은 움직임으로는 껍데기만 갈아 치우는 것밖

에 의미가 없다. 같은 서사, 같은 겉모습을 가졌다 할지언정
새로운 경험의 디자인을 통해 로봇이 처음 등장했던 그 순간
의 거룩한 낯섦을 재현할 수 있으리라 믿는다.

1) 베토벤의 현악 사중주 작품 135번의 자필 악보에 적혀 있는 "그래야만 하는가?(Must it be?)", "그래야만 한다(It must be)"는 수수께끼 같은 문구. 밀란 쿤데라(Milan Kundera)는 베토벤의 음악을 통해 인간의 심리를 해석했다. 그의 소설『참을 수 없는 존재의 가벼움(The Unbearable Lightness of Being)』에서 "그래야만 한다"를 모티프로 상반된 성격을 가진 남녀 주인공이 인생의 무거운 형이상학적인 가치를 견뎌 내는 모습을 표현하기 위해 이 문구를 사용하였다.

2) 마크 포스터 감독, <스트레인저 댄 픽션>(2006). 단조롭고 평범한 일상의 국세청 직원 헤롤드 크릭. 주인공 헤롤드는 매일 일정한 시간에 일어나 일정한 양의 치약을 짜 일정한 횟수로 양치질을 하고, 일정한 시간에 일정한 횟수로 걸어 버스 정류장에 이른다. 한 치의 흐트러짐 없는 삶을 살아가는 강박증 환자 헤롤드에게 어느 날 하나의 규칙이 깨어지면서 영화의 사건이 시작되는 영화.

3) 켄타우로스(kentauros). 그리스 신화에 나오는 반인반마(半人半馬)의 괴물. 그 일족은 익시온과 여신 헤라의 모습을 한 구름과의 사이에서 나왔다고도 하고, 또는 그 둘 사이에서 낳은 아들이 페리온산에서 암말과 교접하여 낳았다고도 한다. 따라서 사지(四肢)는 말이고, 허리 윗부분은 사람이므로, 양손도 갖추고 있다.

4) <아이언 맨>의 토니 스타크는 천재적인 두뇌와 재능으로 세계 최강의 무기업체를 이끄는 CEO이자, 타고난 매력으로 셀러브리티 못지않은 화려한 삶을 살아가던 억만장자이다. 아프가니스탄에서 자신이 개발한 신무기 발표를 성공리에 마치고 돌아가던 그는 게릴라군의 갑작스런 공격에 의해 가슴에 치명적인 부상을 입고 게릴라군에게 납치된다. 가까스로 목숨을 건진 그에게 게릴라군은 자신들을 위한 강력한 무기를 개발하라며 그를 위협한다. 그러나 그는 게릴라군을 위한 무기 대신, 탈출을 위한 무기가 장착된 철갑 슈트를 몰래 만드는 데 성공하고, 그의 첫 슈트인 'Mark1'을 입고 탈출에 성공

한다. 미국으로 돌아온 토니 스타크는 자신이 만든 무기가 많은 사람들의 생명을 위협하고, 세상을 엄청난 위험에 몰아넣고 있다는 사실을 깨닫고 무기 사업에서 손 뗄 것을 선언한다. 그리고 Mark1을 토대로 최강의 하이테크 슈트를 개발하는 데 자신의 천재적인 재능과 노력을 쏟아붓기 시작한다. 탈출하는 당시 부서져 버린 Mark1을 바탕으로 보다 업그레이드된 슈트 Mark2를 만들어 낸 토니 스타크. 거기에 만족하지 않고, Mark3를 완성한다.

5) 포스트구조주의의 대표적인 철학자 프랑스의 '들뢰즈'가 확립한 철학 개념으로 '순간적으로 생성되었다가 사라지는 우주의 모든 사건 또는 자기 동일성이 없는 복제'를 가리키는 철학 개념. 공간 위주의 사유와 합리적이고 법칙적인 사유를 지향하는 20세기 중엽의 구조주의 틀을 이어받으면서도, 포스트구조주의가 이전의 구조주의와 구분되게 하는 데 핵심 역할을 한 중요한 개념 가운데 하나이다. 시뮬라시옹(프랑스어: simulation)은 시뮬라크르가 작용하는 것을 말하는 동사이다.

6) 3D 애니메이션으로 제작한 로봇 소재의 가족용 코믹 SF 모험물. 로봇들로만 이루어진 사회를 통해 다채로운 기계 인간들의 세계를 표현하였다.

7) 지그문트 프로이트(Sigmund Freud), 『정신분석 이론』. 프로이트는 오스트리아의 신경과 의사, 정신분석의 창시자. 히스테리환자를 관찰하고 최면술을 행하며, 인간의 마음에는 무의식이 존재한다고 하였다. 꿈·착각·해학과 같은 정상심리에도 연구를 확대하여 심층심리학을 확립하였고, 소아성욕론(小兒性慾論)을 수립하였다.

8) 리비도(libido), 정신분석학 용어로 성본능(性本能)·성충동(性衝動)의 뜻.

9) 벨기에의 화가. 큐비즘(입체파)의 영향을 받았고, 초현실주의(쉬르리얼리즘) 운동에 참가했다. 그러나 형이상회화파와 일맥상통하는, 신변 물체의 결합과 병치(竝置), 변모 등으로 신선하고 시적(詩的)인 이미지를 창조하는 쪽을 좋아했다.

10) C. G. 융(Carl Gustav Jung). 스위스의 정신과 의사. 정신분석의 유효성을 인식하고 연상실험을 창시하여, 프로이트가 말

하는 억압된 것을 입증하고, '콤플렉스'라 이름 붙였다. 분석 심리학의 기초를 세우고 성격을 '내향형'과 '외향형'으로 나눴다. 융에 의하면, 병자든 정상인이든 누구나 콤플렉스를 품고 있으며, 의식적인 경우와 무의식적인 경우가 있다. 그러나 모두 습관적인 의식 상태 혹은 의식적인 태도와는 일치하지 않는다. 콤플렉스는 무의식화 되면 될수록 강력한 것이 되어 병리성을 지니게 된다.

11) 오이디푸스 콤플렉스(Oedipus complex). 그리스 신화 오이디푸스에서 딴 말로서 프로이트가 정신분석학에서 쓴 용어. 프로이트는 유아는 이 오이디푸스 콤플렉스를 극복하고서야 비로소 성인(成人)의 정상적인 성애가 발전하는 것이지만 이를 이상적으로 극복한다는 것은 매우 힘든 일이며, 일반적으로 신경증 환자는 이 극복에 실패한 사람이라고 주장하였다. 그리고 이 콤플렉스는 때와 장소를 가리지 않고 보편적으로 존재하는 생물학적인 것이라고 생각하였다. 그러나 1929년 말리노프스키의 문화인류학상(文化人類學上)의 발견으로 이콤플렉스는 로마법과 그리스도교의 도덕에 의하여 지지되고, 부르주아와의 경제 조건에 의하여 강화된 아리안족의 부계제 가족(父系制家族)에서만 볼 수 있는 것으로 보편적인 것도 아니며 생리학적인 것도 아니라는 사실이 판명되었다.

12) 남성에게 헌신적인 자존감이 낮은 여성을 수컷에게 지나치게 헌신적인 암컷 비둘기가 그 사랑에 힘겨워 일찍 죽는 것을 빗대어 표현.

13) 현대사회에서 남성들이 외모 때문에 갖는 강박관념, 우울증 등을 지칭하는 표현.

14) 키가 작은 사람들이 보상심리로 펼치는 공격적이고 과장된 행동 양상을 표현.

15) 윤동주가 지은 시 '쉽게 씌어진 시'를 응용함. 식민지 시대를 고뇌하며 살다 간 지식인의 순수한 마음을 부끄러움의 정서와 자아 성찰의 태도를 통하여 노래한 작품.

16) 인간과의 유사도가 높아지면 높아질수록 호감도는 상승하지만, 인간과의 차이를 느끼지 못할 정도의 수준에 이르기 직전에 극복해야 할 언캐니 밸리가 존재한다.

17) 프리츠 랑 감독, <메트로폴리스>.

18) 『구약성경』, 「창세기」 제2장.

19) <Revolt Of The Robots, Aelita>(1924).

20) 조르조 아감벤, 박진우 옮김, 『호모 사케르: 주권 권력과 벌거벗은 생명』, 새물결, 2008.

21) 요한 호이징하, 『호모 루덴스: 놀이와 문화에 관한 한 연구』, 까치, 1998.

22) 바이론 허스킨·조지 팔, <The War Of The Worlds>(1953).

23) 프레드 M. 윌콕스, <Forbidden Planet>(1956).

24) 스탠리 쿠브릭, <2001: A Space Odyssey>(1968).

25) 로버트 와이즈, <Star Trek>(1979). <스타트렉>은 23세기를 배경으로, 미지의 별들과 생명체를 찾아서 모험을 거듭하는 우주선 '엔터프라이즈(Enterprise)' 호의 이야기를 그린 작품이다. 이 작품에서는 인간, 외계인, 안드로이드가 자연스럽게 공존한다. 승무원 중 한 명으로 등장하는 안드로이드 데이터는 '걸어 다니는 백과사전'이다. 그의 전자두뇌는 경이로움과 의문을 느낄 수 있도록 설계되어 있어서 스스로 '진화'가 가능하다. 그는 등장할 때마다 항상 '인간이란 무엇인가'하는 화두에 몰두하면서 인간에 가까워지려고 하는 모습을 보여 주며 이후 많은 로봇 영화들에 모티프가 되었다.

26) 조지 루카스, <Star Wars episode 4>(1977).

27) 조지프 캠벨(Joseph Campbell, 1904~1987). 20세기 최고의 신화 해설가, 비교신화학자. 콜롬비아 대학에서 영문학과 비교문학을 공부하였고, 소르본 대학, 뮌헨 대학 등에서 유학하며 방대한 지식과 놀라울 정도의 어학 실력을 갖추었다. 1934년 사라 로렌스 대학교의 교수가 된 뒤 문학, 독일 철학, 비교신화학 등을 가르쳤고, 1942년 하인리히 침머의 소개로 융 학파가 주도하는 볼링겐 시리즈의 편집자가 되어 인도 예술과 신화에 관한 침머의 연구들을 편집하기도 했으며, 1950년대 중반부터는 저명한 신화 강연자로 이름을 알리게 되었다. 저서로는 『천의 얼굴을 한 영웅(The Hero with a Thousand Faces)』(1949), 『신화와 함께 하는 삶(Myths to Live By)』(1972), 『야생 수거위의 비행(The Flight of the Wild Gander)』(1969), 『신의 가면(The Masks of God)』 4부작(1959~1968)과 그의 신화 연구의

결정판이라고 할 수 있는 『신화의 이미지(The Mythic Image)』 (1974) 등이 있다.

28) Jean Franssois Millet(1814.10.4~1875.1.20). 프랑스의 화가. 진지한 태도로 농민 생활에서 취재한 일련의 작품을 제작하여 독특한 시적(詩的) 정감과 우수에 찬 분위기가 감도는 작풍을 확립, 바르비종파의 대표적 화가가 되었다. 주요 작품으로 <씨 뿌리는 사람> <이삭줍기> <만종> 등이 있다.

29) Francisco José de Goya y Lucientes(1746~1828). 에스파냐의 화가. 주요 작품으로는 <카를로스 4세의 가족(The Family of Charles Ⅳ)>(1800), <옷을 입은 마하(Maja vestida/The Clothed Maja)> <나체의 마하(Maja desnuda/The Naked Maja)>(1800~ 1805) 등이 있다.

30) 버크 로저스(Buck Rogers), <Twiki>(1979).

31) 『(L')oeuvre』. 실제로 그의 어릴 적 친구였던 화가 세잔과 마네 등 19세기 인상주의 화가들의 면면을 담고 있어, 미술 관련자들 사이에서는 공공연히 입소문이 나 있던 작품. 데뷔 당시 신고전주의 사조에 밀려 전혀 인정받지 못했던 인상주의 화가들의 작품을 옹호하는 평을 쓰는 등 인상주의 화가들과 밀접한 교류를 가지고 있었던 에밀 졸라는 작중 화가 클로드의 친구로 나오는 소설가 상도즈를 통해 작가 자신의 체험과 사상 및 감정을 밀도 있게 담아내고 있다. 19세기 후반의 프랑스 미술계와 문학계에 관계된 시대상을 들여다볼 수 있을 뿐 아니라, 인상파 화가들이 동일한 대상에 대해서도 순간순간의 서로 다른 인상을 포착하듯, 졸라도 이 소설에서 바라보는 시각에 따라 보이는 것이 달라지는 연작 수법을 사용하고 있어, 인상파 회화의 기법이 사용된 독특한 작품으로 평가한다.

32) 과시적 소비(誇示的消費, conspicuous consumption). 자기가 특정한 사회계급, 특히 상류계급이나 보다 특수한 유한계급(有閑階級)에 속해 있는 것을 상징(象徵)하기 위해서 재화나 서비스를 아낌없이, 또한 헛되게 소비하는 행위를 말한다. T. B. 베블런이 처음으로 사용한 말이다.

33) Ecole de Barbizon. 19세기 중엽 프랑스에서 활동한 풍경화가의 집단. 명칭은 1830년경부터 그들이 살던 파리 교외의 퐁텐

블로 숲 어귀에 있는 작은 마을, 바르비종에서 유래되었다. 1830년파 또는 퐁텐블로파라고도 한다. 주요한 화가로는, '바르비종의 일곱 별'이라 불리는 J. 밀레, T. 루소, C. 코로, J. 뒤프레, 디아즈 게 라페냐, C. 트루아용, 도비니 등이며 여기에 G. 쿠르베, P. 유에 등도 가끔 참가하였다.

34) Odilon Redon (1840.4.20~1916.7.6). 19세기 프랑스의 화가이며 당시 유럽에 유행하였던 상징주의 운동에 동참하였다. 주요 작품으로는 <흰 꽃병과 꽃>, 판화 <꿈속에서(In the Dream)> 등이 있다.

35) 야수파(Fauvism). 형태의 단순화와 강렬하고 원색적인 색채의 사용으로 평면적이며 장식적인 효과가 강한 주관적인 표현을 함. 주요한 화가는 마티스, 우로, 블라맹크, 뒤피 등이다.

36) 표현파(Expressinism). 독일 중심으로 일어난 회화 운동, 색채의 강조, 형태의 과장에 의해 작가의 극단적인 내면세계를 표현함. 반자연·반사실·반인상주의를 이야기할 때 쓰는 개념이다. 주요한 작가로는 코코슈카, 뭉크, 클레 등이 있다.

37) 입체파(Cubism). 대상을 분해하고 재구성하여 화면에 표현하였다. 색채보다는 형태를 중시함. 주요한 작가로는 피카소, 블라크, 레제 등이 있다.

38) 초현실파(Sur Realism). 잠재의식 속에 있는 꿈이나 공상, 환상 등 비현실적인 세계나 무의식의 세계를 표현. 주요 작가로는 에른스트, 샤갈, 달리, 미로 등이 있다.

39) 20세기 중반에 일어난 구상미술의 경향.

40) Herbert Marshall McLuhan(1911~1980). 영국 케임브리지 대학교에서 르네상스 영문학을 수학하고 엘리자베스 시대의 풍자 시인 「토머스 내시(Thomas Nashe)의 수사법」(1942)으로 박사학위를 받았다. 미국 어섬프션 대학교(현 윈저 대학교)와 캐나다 토론토 대학교, 성 마이클 칼리지에서 교수로 재직했으며 토론토 대학교에 신설된 '문화 및 기술연구소(Center for Culture and Technology)'의 소장으로도 활동했다. 미국 뉴욕 포드햄 대학교의 알베르트 슈바이처 체어(Albert Schweitzer Chair)의 명예교수직을 맡았으며, 사회 커뮤니케이션 문제 담당 교황 고문에 임명되기도 했다. 그는 『기계 신부: 산업 인간에 관한 이야기』(1951), 『구텐베르크 은하계: 문자 인간의 형

성』(1962), 『미디어의 이해: 인간의 확장』(1964), 『지구촌: 21
세기 인류의 삶과 미디어의 변화』(공저, 1988)를 포함하여 스
무 권이 넘는 책을 썼다.

## 참고문헌

단행본

김춘일, 박남희, 『조형의 기초와 분석』, 미진사, 1996.

마샬 맥루한, 박정규 옮김, 『미디어의 이해』, 커뮤니케이션북스, 2001.

박암종, 『세상을 디자인한 디자이너 60인의 디자인 생각』, 안그라픽스, 2008.

에른스트 H. 곰브리치, 『서양미술사』, 예경, 2002.

장 보드리야르, 하태환 옮김, 『시뮬라시옹』, 민음사, 2001.

조선미, 『초상화 연구: 초상화와 초상화론』, 문예출판사, 2007.

지그문트 프로이트, 방성수·한승완 옮김, 『정신분석학 개요』, 2003.

지오반니 프랑코 포나티, 박항섭 옮김, 『건축의 기본조형 원리』, 세진사, 1990.

진동선, 『한 장의 사진미학』, 예담, 2008.

진중권, 『미학 오디세이』, 휴머니스트, 2003.

진중권, 『진중권의 현대미학 강의: 숭고와 시뮬라크르의 이중주』, 아트북스, 2003.

크리스토퍼 보글러, 함춘성 옮김, 『신화, 영웅 그리고 시나리오 쓰기』, 무우수, 2005.

테오 반 데오버그, 편집부 옮김, 『새로운 조형예술의 기초개념』, 과학기술, 1995.

Eugene I. Rivin, Mechanical design of robots, McGraw-Hill, 1987

논문

최치권, 「로봇 메카닉 캐릭터의 메타포적인 이중형태 디자인에 관한 연구」, 한국디자인과학학회, 2003.

정대성, 「트라우마(trauma)와 소통에 관한 '상징적 이미지' 연구」,

홍익대학교, 2008.

Mori, Masahiro., "Bukimi no tani The uncanny valley", Energy, 7(4), 1970.

Olivier, Bert., "When Robots would really be Human Simulacra: Love and the Ethical in Spielberg's AI and Proyas's I, Robot", Film-Philosophy, Vol 12, 2008.

Freud, Sigmund., The Uncanny(Das Unheimliche), 1919.

Zinn, M., Khatib, O., Roth, B., and Salisbury, K. "A New Actuation Approach for Human-friendly Robot Design", International Journal of Robotics Research, 23(4/5), 2004.


영화

던컨 기빈스, <이브의 파괴(Eve Of Destruction)>(1991).

대니 캐논, <저지 드레드 (Judge Dredd)>(1995).

데즈카 오사무, <철완 아톰>(1963).

마이클 베이, <트랜스포머(Transformers)>(2007).

마크 포스터, <스트레인저 댄 픽션 (Stranger Than Fiction)>(2006).

브렛 레오나드, <가상현실(Virtuosity)>(1995).

사이먼 윈서, <다릴(D.A.R.Y.L.)>(1985).

스탠리 도넌, <새턴 3(Saturn 3)>(1980).

스탠리 큐브릭, <2001 스페이스 오디세이(2001: A Space Odyssey)>(1968).

스티븐 스필버그, <에이 아이(A.I. Artificial Intelligence)>(2001).

아론 립스터드, <안드로이드(Android)>(1980).

알렉스 프로야드, <아이, 로봇 (I, Robot)>(2004).

야스히코 요시가츠 외, <기동전사 건담 1(Mobile Suit Gundam I)>(1981).

오시이 마모루, <이노센스(イノセンス/Innocence: Ghost In The Shell)>(2004).

앤드류 스탠튼, <월-E(Wall-E)>(2008).

이시마루 히로야, <마징가 Z(Mazinger Z)>(1972).

조 존스톤, <로켓티어(The Rocketeer)>(1991).

조지 루카스, <스타워즈 에피소드 4 - 새로운 희망(Star Wars: Episode 4 A New Hope)>(1977).

존 바담, <조니 5 파괴 작전 (Short Circuit)>(1986).

존 파브로, <아이언 맨(Iron Man)>(2008).

제이 로치, <오스틴 파워 - 제로(Austin Powers: International Man Of Mystery)>(1997).

제임스 카메론, <터미네이터 2 - 심판의 날(Terminator 2: Judgment Day)>(1991).

크리스 웨지, <로봇(Robots)>(2005).

크리스 콜롬버스, <바이센테니얼 맨(Bicentennial Man)>(1999).

폴 버호벤, <로보캅(RoboCop)>(1987).

프레드 M. 윌콕스, <금지된 세계(Forbidden Planet)>(1956).

프리츠 랑, <메트로폴리스(Metropolis)>(1927).

로봇 디자인의 숨겨진 규칙 영화 속 로봇 디자인 이야기

| | |
|---|---|
| 펴낸날 | 초판 1쇄 2009년 4월 10일 |
| | 초판 3쇄 2017년 12월 4일 |
| 지은이 | 구신애 |
| 펴낸이 | 심만수 |
| 펴낸곳 | (주)살림출판사 |
| 출판등록 | 1989년 11월 1일 제9-210호 |
| 주소 | 경기도 파주시 광인사길 30 |
| 전화 | 031-955-1350   팩스 031-624-1356 |
| 홈페이지 | http://www.sallimbooks.com |
| 이메일 | book@sallimbooks.com |
| ISBN | 978-89-522-1128-6   04080 |
| | 978-89-522-0096-9   04080(세트) |

※ 값은 뒤표지에 있습니다.
※ 잘못 만들어진 책은 구입하신 서점에서 바꾸어 드립니다.

### 089 커피 이야기



김성윤(조선일보 기자)

커피는 일상을 영위하는 데 꼭 필요한 현대인의 생필품이 되어 버렸다. 중독성 있는 향, 마실수록 감미로운 쓴맛, 각성효과, 마음의 평화까지 제공하는 커피. 이 책에서 저자는 커피의 발견에 얽힌 이야기를 통해 그 기원을 설명한다. 커피의 문화사뿐만 아니라 커피에 대한 일반적인 정보 및 오해에 대해서도 쉽고 재미있게 소개한다.

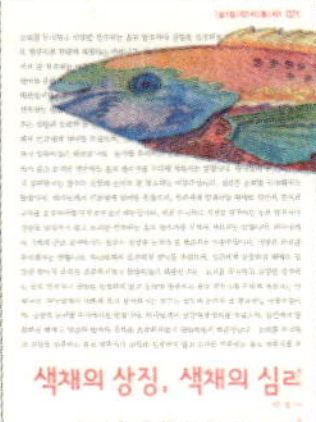

### 021 색채의 상징, 색채의 심리

박영수(테마역사문화연구원 원장)

색채의 상징을 과학적으로 설명한 책. 색채의 이면에 숨어 있는 과학적 원리를 깨우쳐 주고 색채가 인간의 심리에 어떤 작용을 하는지를 여러 가지 분야의 사례를 통해 설명한다. 저자는 색에는 나름대로의 독특한 상징이 숨어 있으며, 성격에 따라 선호하는 색채도 다르다고 말한다.

### 001 미국의 좌파와 우파



이주영(건국대 사학과 명예교수)

진보와 보수 세력의 변천사를 통해 미국의 정치와 사회 그리고 문화가 어떻게 형성되고 변해왔는지를 추적한 책. 건국 초기의 자유방임주의가 경제위기의 상황에서 진보-좌파 세력의 득세로 이어진 과정, 민주당과 공화당의 대립과 갈등, '제2의 미국혁명'으로 일컬어지는 극우파의 성장 배경 등이 자연스럽게 서술된다.

### 002 미국의 정체성 10가지 코드로 미국을 말하다



김형인(한국외대 연구교수)

개인주의, 자유의 예찬, 평등주의, 법치주의, 다문화주의, 청교도 정신, 개척 정신, 실용주의, 과학 · 기술에 대한 신뢰, 미래지향성과 직설적 표현 등 10가지 코드를 통해 미국인의 정체성과 신념을 추적한 책. 미국인의 가치관과 정신이 어떠한 과정을 통해서 형성되고 변천되어 왔는지를 보여 준다.

## 058 중국의 문화코드

강진석(한국외대 연구교수)

중국의 핵심적인 문화코드를 통해 중국인의 과거와 현재, 문명의 형성 배경과 다양한 문화 양상을 조명한 책. 이 책은 중국인의 대표적인 기질이 어떠한 역사적 맥락에서 형성되었는지 주목한다. 또한, 구체적이고 실제적인 여러 사물과 사례를 중심으로 중국인의 사유방식에 대해 설명해 주고 있다.

## 057 중국의 정체성   `eBook`

강준영(한국외대 중국어과 교수)

중국, 중국인을 우리는 과연 어떻게 이해해야 하나? 우리 겨레의 역사와 직 · 간접적으로 끊임없이 영향을 주고받은 중국, 그러면서도 아직까지 그들의 속내를 자신 있게 말할 수 없는, 한편으로는 신비스럽고, 한편으로는 종잡을 수 없는 중국인에 대한 정체성을 명쾌하게 정리한 책.

## 015 오리엔탈리즘의 역사   `eBook`

정진농(부산대 영문과 교수)

동양인에 대한 서양인의 오만한 사고와 의식에 준엄한 항의를 했던 에드워드 사이드의 오리엔탈리즘. 이 책은 에드워드 사이드의 이론 해설에 머무르지 않고 진정한 오리엔탈리즘의 출발점과 그 과정, 그리고 현재와 미래의 조망까지 아우른다. 또한 오리엔탈리즘이 사이드가 발굴해 낸 새로운 개념이 결코 아님을 역설한다.

## 186 일본의 정체성   `eBook`

김필동(세명대 일어일문학과 교수)

일본인의 의식세계와 오늘의 일본을 만든 정신과 문화 등을 소개한 책. 일본인을 지배하는 이데올로기는 무엇이고 어떤 특징을 가지는지, 일본을 주목해야 하는 이유는 무엇인지 등이 서술된다. 일본인 행동양식의 특징과 토착적인 사상, 일본사회의 문화적 전통의 실체에 대한 분석을 통해 일본의 정체성을 체계적으로 살펴보고 있다.

## 261 노블레스 오블리주 세상을 비추는 기부의 역사

예종석(한양대 경영학과 교수)

프랑스어로 '높은 사회적 신분에 상응하는 도덕적 의무'를 뜻하는 노블레스 오블리주. 고대 그리스부터 현대까지 이어지고 있는 노블레스 오블리주의 역사 및 미국과 우리나라의 기부 문화를 살펴보고, 새로운 시대정신으로 노블레스 오블리주를 부활시킬 수 있는 가능성을 모색해 본다.

## 396 치명적인 금융위기, 왜 유독 대한민국인가 eBook

오형규(한국경제신문 논설위원)

이 책은 전 세계적인 금융 리스크의 증가 현상을 살펴보는 동시에 유달리 위기에 취약한 대한민국 경제의 문제를 진단한다. 금융안정망 구축 방안과 같은 실용적인 경제정책에서부터 개개인이 기억해야 할 대비법까지 제시해 주는 이 책을 통해 현대사회의 뉴노멀이 되어 버린 금융위기에서 살아남는 방법을 확인해 보자.

## 400 불안사회 대한민국, 복지가 해답인가 eBook

신광영 (중앙대 사회학과 교수)

대한민국 사회의 미래를 위해서 복지는 선택이 아니라 필수라고 말하는 책. 이를 위해 경제 위기, 사회해체, 저출산 고령화, 공동체 붕괴 등 불안사회 대한민국이 안고 있는 수많은 리스크를 진단한다. 저자는 사회적 위험에 대응하기 위한 복지 제도야말로 국민 모두의 삶의 질을 높일 수 있는 길이라는 것을 역설한다.

## 380 기후변화 이야기 eBook

이유진(녹색연합 기후에너지 정책위원)

이 책은 기후변화라는 위기의 시대를 살면서 우리가 알아야 할 기본지식을 소개한다. 저자는 기후변화와 관련된 핵심 쟁점들을 모두 정리하는 동시에 우리가 행동해야 할 실천적인 대안을 제시한다. 이를 통해 독자들은 기후변화 시대를 사는 우리가 무엇을 해야 할 것인지에 대하여 생각해 볼 수 있을 것이다.

[eBook] 표시가 되어있는 도서는 전자책으로 구매가 가능합니다.




(주)살림출판사
www.sallimbooks.com
주소 경기도 파주시 문발동 522-1 | 전화 031-955-1350 | 팩스 031-955-1355